世界最高の子育てツール

SMARTゴール

「全米最優秀女子高生」
と母親が実践した目標達成の方法

ボーク重子
BORK SHIGEKO

祥伝社

自分に対してベストな親になれる人こそが、
子供に対してもベストな親になれる。

はじめに

こんにちは、ボーク重子《しげこ》です。

私は、日本で生まれ育ち大学を卒業後、ロンドンの大学院時代に出会ったアメリカ人の夫と結婚してワシントンDCに移り住み、そこで出産し、子育てをしてきました。

娘のスカイ・ボークは、2017年の「全米最優秀女子高生」の最優秀賞に選ばれました。この賞はアメリカ在住の女子高校生を対象にした大学奨学金コンクールで、知性や才能、リーダーシップを競うものですが、娘は「大学の授業料は高額なので、家族の一員として何か自分にできることはないか」という思いから、応募を決めたといいます。

このコンクールの受賞の他に、娘はSATという日本のセンター試験のようなものでほぼ満点、高校4年間の成績も一つを除いてすべてAでしたから、学校の先生や友達など、娘を知る人は誰もが、娘が全米で「一番」の大学を受験するものと考えていたようです。

ですが、娘が進学したのは、世間一般で「一番」といわれている大学ではない、コロンビア大学でした（余談ですが、ウォールストリートジャーナルの大学ランキングでコロンビア大学は、２０１７年は２位でした。Wall Street Journal／Times Higher Education College Rankings）。

３歳から続けてきたバレエと学業の両立、大学のあるニューヨークという都市の環境、大学が用意するプログラムなど、娘はありとあらゆることを考慮し、自分にとっての「一番」と確信したコロンビア大学を選びました。

人から言われたのでもなく、一般的なイメージに流されるのでもなく、娘はどの大学が自分のポテンシャルをより一層高めてくれるのかを自ら考え、どの大学に進学するか自ら決断したのです。

「勉強しなさい」と言ったことは一度もない

こんな話をすると、私が従来の英才教育を行なう厳しい母親だと思う方もいるでしょう。でも、信じられないかもしれませんが、**私は娘に、「勉強しなさい」と言ったことは一度もありません。**

娘は、親に何かを言われなくても、自分のやるべきことを理解し、自ら決め、進んでそれらを行なっていたのです。

なぜ娘がこうした自主性を持ち、何かに左右されることのない確たる自分を築き、つらいことがあっても立ち直る強さを身につけ、幸福感に満ち、学業でもバレエでも優秀な成績を残すことができたのか。

それは、私が出会ったある教育法とツールによるところが大きいといえるでしょう。

子供の才能を引き出すのは「親のタイプ」

実は、娘が生まれた頃の私は自分に自信がなく、娘には「私のようにはなって欲しくない」と望むような毎日でした。

「このままでは娘は私のようになってしまう」。そんな危機感を持ち、私はさまざまな教育法や子育てに関する研究を調べました。そこで出会ったのが、**「親には4つのタイプがある」「親のタイプで子供の成功が決まる」**としたダイアナ・バウムリンド博士の研究や、**「子供の人生は半分以上が環境で決まる」**というダニエル・ポスマ博士らの研究でした。

親のタイプは大きく4つに分けられ、**ベストなタイプの親は、子供自身の性格や育つ国にかかわらず、子供を人生の成功――主体性と責任感を持って行動し、その結果、自信と自尊心、社会性、思考力を身につけ、高い幸福感や満足度を感じながら生きる――に導く**というのです。

4つのタイプについては第1章で詳しくご紹介しますが、ベストなタイプ以外の他の3つでは、主体性や責任感がなく、自信と自尊心、社会性、思考力が低く、幸福感や満足度を感じない子供が育つというのです。

親の生きる姿勢や子供への親の態度が、子供の人生を大きく左右する。

何て衝撃的なデータでしょう。才能を生かすのも、親の態度しだいなのですから。

私は子供を成功に導く、ベストなタイプの親になりたい、いえ、何としてもなろうと決心しました。

ですが、「ベストなタイプの親」であることは、何となく抽象的で、やり方がわからずとても難しいものに思えました。固く決心したからといって、簡単になれるものではありません。実際、私の最初の1年間は、娘に「どうしてできないの」と言ってしまうなど、失敗の連続でした。

学力、人間力、キャリア。親子でステップアップできるツール

それが、ある一つのツールとの出会いでドラマチックに状況が変わります。

それはビジネスやコーチングの世界で使われる、**SMART《スマート》ゴールという目標達成ツール**です。

ＳＭＡＲＴゴールとは、たとえば、メジャーリーグで活躍中の大谷翔平《おおたにしょうへい》選手が、高校時代に自身の夢をかなえるために使った「81マスシート」のような「目標達成シート」の類《たぐ》いといえば、イメージしやすいでしょうか。

ＳＭＡＲＴゴールは自ら目標を設定し、行動計画を立て、実際に行動し、目標を達成する、この一連の作業をスムーズに運べるようにします。親も使いますし、子供も使います。

夢やゴールをかなえるためにＳＭＡＲＴゴールを使うことで、いろいろな目標を、効率よく確実に達成していくことができるでしょう。

これは大きな夢だけでなく、例えば、子供が夏休みの課題の読書を確実に達成するなど、具体的な身近な行動から始めることができる道具なのです。

ＳＭＡＲＴゴールで目標を達成していくたびに、主体性、自制心、自信、困難を乗り越えてやり抜く力、柔軟性、幸福感が育っていきます。

詳しくは本編に譲りますが、ＳＭＡＲＴゴールで得られる「心の特性」がベストタイプの親の特性でもあるのです。だからこのツールを親がまず使うことで、ベストなタイプの親になれる、と私は確信しました。

子供を育てるのは親なので、子供を人生の成功へと導きたかったら、まずは親自身がベストタイプの親の特性を身につけることが先。だからこそ私はまずこのツールを自分に使ってみたのです。

ベストなタイプの親の特性は、抽象的で目に見えるものではなかったので、私は1年ものあいだ、失敗の連続で、悩んでいました。ですがこのSMARTゴールに出会って、目標を達成していく過程で、ベストな親の特性が見える化できました。

そしてこのツールを子供が使えるようにすることで、わが子が自身の目標を達成するだけでなく、主体性、自制心、自信や幸福感を育み、人生の成功へと導ける、そう思いました。

こうして、**私自身がベストな親の特性を身につけるために**、また**娘が主体性と責任感を持って行動するために**、SMARTゴールを、子育てと親である自分用にアレンジして活用することにしたのです。

このツールを娘と一緒に活用することで、私はベストな親の特性を身につけるとともに、娘も私も目標を達成しながら成長し、自分らしい幸せなキャリアを育てることが可能になりました。事実、夢だったギャラリーのオーナーになり、現在はまた別のキャリアを築き始めています。

私には「ベストなタイプの親になって我が子を人生の成功へ導きたい」という強い思いがありました。ですが物事には、精神力だけではどうにもならないことがあります。スキルがなければどうしようもないことがあります。例えば車を運転するために、「何とか車を動かすぞ」という念力にも似た意志の力だけでは足りないように。

そんな強い親の思いを助けてくれるのがSMARTゴールなのです。今まで子育てに使われなかったのが不思議なくらいです。

第2章で詳しくご紹介しますが、SMARTゴールとは、次の5つを満たしているものをいいます。この5つの要件を満たしたゴール（目標）設定で、確実にゴールを達成していくというツールなのです。

(1) Specific　具体的
(2) Measurable　計測可能
(3) Actionable　自力で達成可能
(4) Realistic　現実的
(5) Time limited　時間制限付き

親子でステップアップを可能にする子育て・自分育てツールをあなたの毎日に加えてみませんか？　まずは騙《だま》されたと思って3週間、ＳＭＡＲＴゴールを試してみてください。3週間後のあなたは今までよりも自分に対して厳しく、優しくなっていることでしょう。そして、自分に対してもお子さんに対しても、ベストなタイプの親への道を歩み始めていることでしょう。

Ok! Let's Begin!

ボーク重子

目次

Democratic
Boss

第2章 能力を最大限に引き出すツール SMARTゴール
——ベストな親になれる、その5つのプリンシパル

第3章

I think I can!

第6章 元気泥棒に気をつけて——心のメンテナンスで、心のエネルギーの効率化を図る

装丁　秦 浩司(hatagram)
図版　室井明弘
本文イラスト　タカセマサヒロ

第１章

子供の成功は親のタイプで決まる

あなたはどのタイプ？
4つの親のタイプ

子供の成功と幸せは、何で決まるの？

誰だって、子育ては「ちゃんとできているのか？　間違っていないだろうか？」といった不安の連続。だからこそ、科学で証明されているデータをもとに、何をしたらいいかを知りたいですよね。

子供の成長に関する研究によると、親には4つのタイプがあるといわれています。そして、各タイプの親に育てられた子供には、それぞれに特有の特徴が認められるという研究結果が出ています。科学で証明されている〝子供にとってベストな結果を引き出す親〟のタイプとは何でしょう。それは、親が身につけられるものなのでしょうか。

【本章で伝えたいこと】

1. 子供の成長は環境に左右される
2. 親の態度しだいで、子供を成功に導くことができる
3. 子供の才能を引き出すベストな親のタイプは「民主型」
4. しかし、たいがいの親は、服従型か寛容型に陥《おちい》りがち
5. ベストな親の態度は、誰でも身につけることができる

子供の成長を決めるのは遺伝が49%、育て方などの環境が51%

権威ある学術雑誌である「ネイチャージェネティクス」誌に発表された

Neuroscience Campus Amsterdam Complex Trait Genetics department のダニエル・ポスマ博士（Danielle Posthuma, Ph.D.）らの研究によると、**子供の成長を決めるのは49%が遺伝で51%が環境**だといわれています。環境には学校だけではなく、もちろん家庭環境や子供の育て方も含まれます。

「子供の性格にかかわらず、子供の成功と幸せのために最適とされている親のタイプがある」という調査結果もあります。子育てに関する調査は何十年にもわたってあらゆる研究者と研究機関が行なっていますが、**それらの研究結果が指摘するのは毎回同じ親のタイプなのです。それも子供の性格に関係なく、「どんな子供にも最適な親のタイプはこれだ！」**というのですから驚きです。

中でも一番有名なのが、カリフォルニア大学バークレー校の発達心理学者、ダイアナ・バウムリンド博士による「Baumrind's Parental Typology」といわれるものでしょう。

そこには「成功する子供を育てる親のタイプ」が明言されていて、その後になされたリサーチの数々が「Baumrind's Parental Typology」の正当性を証明しています。

科学で証明された、成功する子供を育てる親のタイプとは？

子育て研究の第一人者であるバウムリンド博士が提唱し、その後さらに別の研究者によってひとつ加えられた４つの親のタイプは、次のとおりです。

【タイプ1】Authoritative parenting　民主型
【タイプ2】Authoritarian parenting　服従型
【タイプ3】Permissive parenting　寛容型
【タイプ4】Neglect parenting　無関心型

これら4つのタイプは、**「親の子に対するコントロールと期待水準の度合い」と「子供の気持ちやニーズに寄り添う温かさの度合い」**という2つの尺度によって分けられます。

図1は4つの親のタイプを「コントロールと期待水準の度合い」と「子供の気持ちやニーズに寄り添う温かさの度合い」という2つの尺度を使って測ったものですが、あなたはこの4つのうち、どの親のタイプがベストだと思われますか?

あなた自身は、この4つのうちのどの親のタイプに一番近いと思いますか?

図1●4つの親のタイプ
コントロールや期待水準の度合いと温かさの尺度

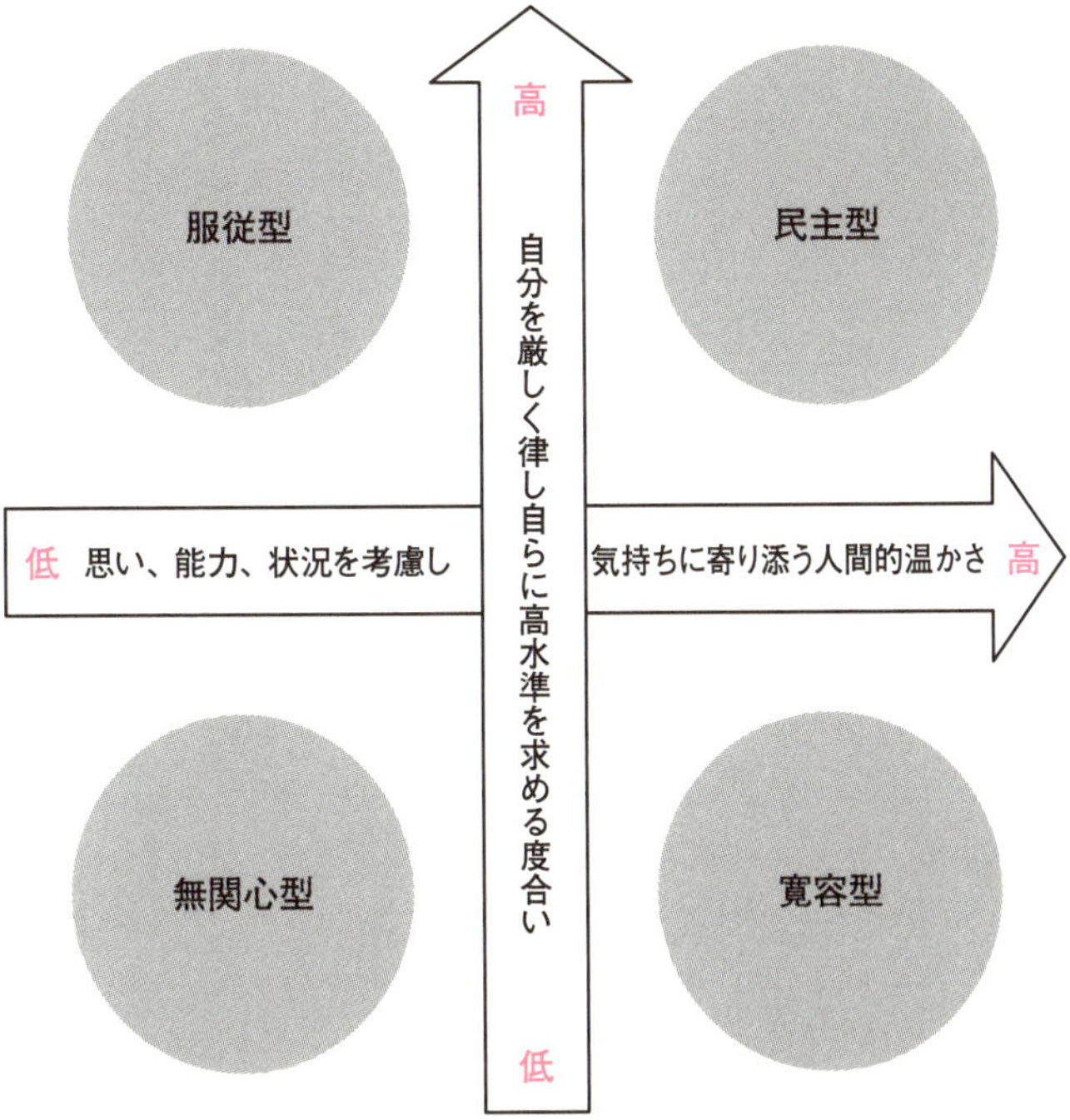

©shigekobork

【タイプ1】民主型　Authoritative parenting

子供主体のニーズを満たす親

――特徴：コントロールと期待水準が高い＋子供の気持ちとニーズを汲《く》み取る温かさが高い

あらゆる調査で「ベストな親のタイプ」と証明されているのは、【タイプ1】の民主型の親です。

民主型の親の下《もと》で育つ子供は、幸せで満足感が高く、自分からやる主体性があり、自己依存力、自制心、自尊心、表現する自信に溢れ、また高い学力と能力を有し、うつ病、不安症候群、ドラッグやアルコール中毒になりにくい、という特徴が挙げられています。

親にとってはまさに夢のような結果ですよね。

何をコントロールするのか？

ですが意外なのは、民主型の特徴が「高いコントロールと高い期待水準」ということ。「コントロールと期待の度合いが高い」というと、それだけで「負」のイメージがあります。

コントロールというとどうしても上からの圧力や強制のイメージがあるし、期待といえば子供に余計なプレッシャーをかけるだけのような気もします。「やりなさい」と子供に命令して満点という高水準を押し付ける、というような感じもします。競争社会を生き抜くために単に鞭《むち》で打っているようにも思えますよね。

だけど民主型 Authoritative ではコントロールも期待もその意味が違うのです。

民主型の親は、子供に対して「ダメ」という限界を設けますし、子供が家族の決まりを守ることを求めます。ですがコントロールといっても、親が子に対して厳しく強制するのではありません。

子供が主体性を発揮して、自ら決まりを決めて、自らをコントロールし、自ら守るように仕向けるのです。いわば〝一つ上を行くコントロール〟なのです。

ですから民主型では親は一家のボスですが、強制とプレッシャーを課す絶対君主的ボスではありません。**決めたルールと水準がちゃんと守られているかを適度に管理するマネージャー的ボス**なのです。

そして民主型の親は、子供に課すのと同じことを自分にも課すのです。民主型の親になりたければ、まずは「自分が自分に対して民主型の親になる」のです。

親のニーズではなく、子供のニーズを満たす「子供主体」の子育て

親のニーズではなく**子供のニーズを満たす子育てをする。**これが民主型の親の最大の特徴です。

たとえば、「東大に行け」「満点を取れ」――これは親のニーズです。そうではなくて、「東大に行きたい」「満点を取りたい」――これが子供のニーズです。

民主型の親は、こういった子供のニーズを満たすために「満点を取れるように毎日4時間勉強する」というように、子ども主体で家族の決まりを作ります。それを忠実に守らせるように子供を管理するのが民主型の親の役目です。

ルールは明確に、わかりやすく

ルールはクリアであることが重要です。「どうして守らないといけないのか」「それを守ることによってどうなるのか」を子供自身が理解し納得するためにも、ルール作りには子供も参加します。

子供は、自分で決めたからこそルールの意味がクリアにわかるし、その規則を守るために自分を適切にコントロールできるようになるのです。

民主型は高いコントロール力が特徴ですから、子供が決まりを守らないときは、当然それを守らせようとします。ですが強制や罰則によって守らせるのではありません。「どうして守らないといけないのか」という理由を子供に思い出させ、納得させ、反省させて、主体性と責任感によって、子供が自ら自分に対してコントロール力を発揮するようにさせるのです。

子供が自分から「ルールを守る」ようになるので、親は子供に「ルールを守らせる」必要はなくなります。ですから、民主型の親は「勉強しなさい」と子供に言う必要がなくなるのです。

規則を決めるときも「親の言うこと＝規則」ではなく、子供のニーズを汲み取るために対話し、親子で納得しながら一緒に決める、という双方向のアプローチを取ります。

押し付けられたニーズや決まりでは最初から守る気がしませんものね。

目標は大きく。子供の持てる能力の最大を目指す

そして**目標を掲げるときには、子供が到達しうる最大の水準を目指すようにします。**

たとえば「東大」という高い水準を目標にする場合も、「うちはみんな東大」「世間一般ではこれが一番」といった外からの圧力や、「私（親）がそうして欲しいから」「見栄えがいい」という親の欲求から決めることはありません。あくまで子供の能力や気持ちや

意見を汲み取りながら、その子が持てる最大の能力を鑑《かんが》みて、フレキシブルに対応していく修正可能な水準を目標にします。

当然、民主型の家庭では「東大に行け」とか「絶対満点じゃなきゃダメ」とか「親の言う通りにしていればいい」という言葉は存在しません。

双方向のコミュニケーションが自尊心を育てる

子供は、常に自分の意見を求められ、たとえそれが親とは違っていても、一つの意見として尊重されることで、自分という存在が認められていることを感じます。存在を認められている安心感が、主体性を生み、行動し表現する自信に繋《つな》がるのです。そして自分を大切にする心、自尊心を育《はぐく》みます。

口論や反発という場面でも、民主型の親は感情的にはなりません。論理的な考え方を大切にするアプローチを取るので、子供は自制心を身につけ、理由づけをし、話し合いで問題を解決しようとする高い能力を身につけます。

すぐに叱《しか》らずに、ロジカルコンシークエンスで考えさせる

規則に反したときも、罰則ではなく子供に自分がやったことの論理的結果を理解させ、反省を導き、責任を取らせるというロジカルコンシークエンスという手法をとります。

例えば「廊下を走ってはいけない」という家族のルールがあったとします。それを破って兄が走り、その結果、弟の作った工作を壊したとします。民主型の親はそこですぐさま叱ることはありません。まず兄に自分の取った行動と、それによって起こった結果を論理的に理解させ、なぜ「廊下を走ってはいけない」というルールがあるのかを考えさせます。加えて、どうやったら工作を壊してしまったことを償《つぐな》えるかを考えさせるのです。それは「謝《あやま》る」「作り直す」「反省を示すためにテレビの時間に見る番組を弟に譲《ゆず》る」などいろいろあるでしょうが、兄自らに考えさせ、そして行動させます。

こうすることによって兄はルールを深く知り、また自分を厳しく律し、次からはルールを守るよう自分に対して高水準を求めるようになるのです。

民主型は、子供の主体性を基本にし、すべてを対話、双方向のコミュニケーションを通じて行ないます。双方向のコミュニケーションには相手の存在を認めるという基本的な人間的な温かさがあります。

「あなたはどう思う？」「あなたはどうしたい？」と、親が自分の意見を言う前に、子供の気持ちを聞く。裁判官のように善か悪かで判断するのではなく、子供の声に真摯《しんし》に耳を傾ける。それが双方向のコミュニケーションです。

双方向のコミュニケーションが取れていれば、子供の気持ちに敏感になれます。子供が落ち込んでいるときやうまくいかないときには、ハグやその子の好きなおやつなど、言葉以外の温かい気遣いができます。また子供が怖がったり激しい感情に襲われたときは、子供の気持ちに寄り添い、子供が必要とするサポートを与えることができます。

子供に求めることを、親自らにも要求する

民主型の親は、自らが尊敬される親となるように行動します。子供に求めることを自分にも要求するのです。

「やることはやる」と自らを厳しく律し、自分にできる最高の水準を求め、同時に相手を思いやる温かみに溢れた行動を取る。**間違えたらすぐさま自分の過ちから学び自分を正す。**そんな親なら、子供は自然と尊敬の念を抱くのではないでしょうか。

【タイプ2】服従型 Authoritarian parenting

親のニーズで子育てをする親

――特徴：コントロールと期待水準が高い＋子供の気持ちとニーズを汲み取る温かさが低い

次にタイプ2の特徴を見ていきましょう。名前からしておそらく悪いタイプだろうと予想がつきますが、いえいえどうして、私たちが最も陥りやすい親のタイプでもあるのです。

タイガー・マザーの敗北

服従型の親として有名になったのが、2011年にアメリカで刊行されベストセラーになった『タイガー・マザー』（日本でも2011年に翻訳出版）の著者、エイミー・チュア。中国系アメリカ人の大学教授で、本には、「成績はオールA」「お友達と遊ばせない」「ピアノとバイオリンは毎日練習」「できなければ子供を罵倒《ばとう》してでも食事を抜かせてでもできるようにする」といった中国式スパルタ教育を、自身の子育てに採用した経験が記されています。

子供は自分から上達することを熱望するものではなく、親がやらせるからできるようになるという服従型教育ママ的視点で書かれているため、「子供の自尊心を損《そこ》ねる」「残酷だ」「いや、これだからこそ天才は育つのだ」などと数々の物議を醸《かも》しました。

著者はのちに、13歳になった娘の反抗に遭い、厳格な中国スパルタ方式からの撤退を決意するに至ります。

強制執行的なコントロール力と脅迫にも似た絶対的期待値、そして子供の気持ちを無視した人間的温かみのない服従型子育て。その典型例である中国スパルタ式は、たとえ子供をハーバードやエールというトップの大学に合格させることができたとしても、修正せざるをえなかったのです。

だけど中国スパルタ式って、日本の教育ママと似ているように思いませんか？

親のニーズを満たす「親主体」の子育て

タイガー・マザーのような服従型の親は、無言の服従を求める一家の絶対君主です。

子供には、親の決めた規則と水準に無条件に服従することを求めます。世間一般に成功といわれる高い水準を子供に強《し》い、「自分が子供を通して」それを手に入れるために、子供の気持ちは無視して強制執行します。

子供は親の言うことを聞いていれば失敗しない。親が敷いたレールの上を歩けばいい。そんな「世間体メンタリティ」に支配されている親にとって、子供が失敗したり、それによって落ち込んだりする姿を見ることは我慢なりません。なぜならそれは自分の失敗でもあるからです。

もしも子供が親の意に反して失敗したり間違った行動を取ったときには、「もうあなたは私の子ではない」といった冷たい態度をとり、子供が自分に反発したり失敗したりしないよう子供の心理を恐怖で支配します。

服従型の親はこんな言葉をよく使う

「私は服従型の親ではない」と思われる人がほとんどでしょう。
ですが、これは意外と親が簡単に陥りやすい親のタイプでもあるのです。
子供の意見を聞かないという特徴の他、服従型の親は次のような言葉をよく使います。

- 親の言うことを聞きなさい
- 言ったようにやればいい
- 親が言っているのだからそれでいい

- ダメね、がっかりよ
- どうしてできないの
- やってくれたらママは嬉しいなあ

これらはすべて子供の心を恐怖でコントロールするタイガー・マザーの口癖です。こうした一方通行的なコミュニケーションの中で育った子供は、誰かの指示を待つ、親を喜ばせようとする、反抗的になる、親に見つからないように自分の欲求を満たすずる賢い子になる、といった特徴があります。

服従型の親にとってコントロールとは、まさに子供を自由自在に操《あやつ》るためのマインドコントロールなのです。

そして服従型の親は、自分にも柔軟性のない思い込みのルールを強要します。その思い込みは往々にして、劣等感や、周囲に迎合しないといけないという切迫した気持ちからきているため、自分をあるがままに認めることはできないし、自分に対して敬意を持つことができないのです。

服従型の親に特有の「Ｗｅ」という考え方

服従型の親にとって子供は自分の従属物という位置付けです。子供をひとりの個としてとらえず、つねに「Ｗｅ」という考え方を持っています。

ですから服従型の環境で育つ子供は、個の意識が低く幸福度が低い、主体性に欠ける、自信と自尊心が低い、個を認められていないから反抗的で問題行動を起こす傾向にある、人と接するときの態度がわからない、精神面で問題を抱えるケースがあるなどの特徴があるといわれます。さらに大学生や大人になってから自殺やうつに陥る確率が高い、との統計も出ています。

【タイプ3】寛容型　Permissive parenting

子供にNOと言えない親

——特徴：コントロールと期待水準が低い＋子供の気持ちとニーズを汲み取る温かさが高い

ものわかりがいいのか、ただ子供に振り回されているのか。これも多くの人が陥りがちな親のタイプです。

一家のボスは子供、振り回される親

寛容型の親は、子供をがっかりさせたり嫌われたくなくて、何かにつけて子供の要求を飲む傾向にあります。だからNOと言えない。寛容型の親は子供の気持ちに寄り添い優しく温かいけれど、家庭のボスは子供で、親は子供に振り回されることになります。子供は何でも自分の思い通りになる家に住んでいますから、やりたくないことはやらない、そしてそれが許されてしまうので、ますますやらなくなってしまうのです。

もしあなたに次のような傾向があるとしたら、寛容型の親である可能性があります。

- 子供がやらなければいけないことをやらなくても何も言わない
- 「○○ができたらご褒美《ほうび》をあげる」とモノで子供の心を釣るようなことを言う
- NOと言えない
- 子供の要求は全部かなえないとがっかりさせたり、嫌われるのではと思う
- 何でもかんでも、子供を褒《ほ》める

この傾向を持つ親に育てられる子供には、規則を守れない、自制心の欠如《けつじょ》、自分勝手、共同生活ができないなどの特徴があります。

【タイプ４】無関心型　Neglect parenting

子育て以前のネグレクト

——特徴：コントロールと期待水準が低いまたは皆無＋子供への無関心

タイプ４の無関心型は、子育て以前といえるでしょう。家族の決まりや規則はなく、子供に何も期待しません。子供の気持ちに寄り添うことなく、また子供の生活にはノータッチです。このような子育てスタイルで育てられた子供の特徴は、感情的、自制心の欠如、素行不良や中毒に陥りやすい、自殺願望などのメンタル面での問題を抱えることが多いことが挙げられます。

このような親に望んでなる人はいないでしょう。こうしたタイプの場合は、親の側に何かしら事情や問題があることが多々あると指摘されています。

ベストな親のタイプ民主型VS やり過ぎ型（服従型と寛容型）

4つのタイプを見てきましたが、あらゆる研究で【タイプ1】の民主型Authoritativeが最良の親のタイプだと証明されています。そして民主型の子育ては子供の性格や住む国に関係なく最良である、との結果も出ているのです。

民主型がベストである理由は、厳しさと温かさのバランス。あなたのタイプは？

民主型がベストである理由は「コントロールと温かさのバランスが取れているから」といわれます。

強く厳しいコントロールと求める水準の高さでは服従型と一緒ですが、必要な規則と限界を家族で決め、それを理由づけによる納得と主体性で子供自らに守らせ、温かいアプローチで適度に子供を管理する、そんな厳しさと温かさのバランスが取れているからだといわれます。

ところで、ここで言う温かさとは、**子供をありのままに認め、愛し、応援することを差します。親も子供も同調することが大切なのではなく、お互いを認め、お互いの意見を尊重し、話し合いで最良の結果を導く。**子供をありのままに認めることは、親が子に与えることのできる最大の人間的な温かさかと思います。

お子さんの能力や興味が、親である自分のニーズを満たさないこともあるでしょう。ですが、自分のニーズは脇におき、まずはお子さんの心に寄り添うこと。それが温かさです。

服従型の親にとって子供は自分の従属物ですから、子供を一個の個人としてありのままに認めることはありません。

温かさという点では、民主型と寛容型は共通していますが、まったく異なるのはコントロールの部分です。寛容型はコントロールが欠如しているから、子供が一家のボスとなり、親は子供をコントロールすることができません。子供は親を尊敬することなく、親も子供を恐れるばかりで尊敬されるような態度が取れません。子供は限界がわかりませんから、態度も要求もどんどんエスカレートしていきます。そして子供の気持ちを汲み取る温かさは同じでも、コントロールの有無によって民主型と寛容型に大きな違いを生むのです。

やり過ぎは本当に良くないの？

4つの親のタイプで民主型がベストなのは理解できます。でも、子育てというと肩に力が入り過ぎて、どうしてもやり過ぎてしまい、子供に多くを求めてしまいがちです。

子供のことを思うからこそ、やり過ぎに陥ってしまうわけですが、やり過ぎる親は本当にリサーチが証明するようにそれほど悪い親なのでしょうか？

たとえば、子供が一人で何かをしている場合に、どうして私たちは子供が自力でできること、もしくはもう少しで自力でできることに手を貸してしまうのでしょうか？　そのときの子供の能力に満足できないのでしょうか？

「子供には、私たちが思っている以上に能力がある」

友人のジェニファーが言った一言が私の心を打ちました。

「私たちはただ小さいというだけで子供の能力をディスカウントしすぎる。もっと子供の能力を信じてあげなければいけない」と彼女は言ったのです。

お子さんが歩くことを学ぶ過程を思い出してください。あなたはフラフラと頼りないお子さんを一生懸命応援したのではないでしょうか？

図2 あなたは民主型？　それともやり過ぎ型（服従型・寛容型）？

以下の質問に答えてみましょう。「ある」が多いほどやり過ぎ型に近く、「ない」が多いならあなたは民主型といえます。「時々」ならその中間です。

質問１　あなたはお子さんに、こんなふうに言うことがよくあると思いますか？

- □親の言うことを聞きなさい　ある　時々　ない
- □言ったようにやればいい　ある　時々　ない
- □親が言っているのだからそれでいい　ある　時々　ない
- □ダメね、がっかりよ　ある　時々　ない
- □どうしてできないの？　ある　時々　ない
- □やってくれたらママは嬉しいなあ　ある　時々　ない

質問２　あなたはお子さんと接するときにこんな態度を取ることがよくありますか？

- □子供がやらなければいけないことをやらないときでも、見逃してしまう　ある　時々　ない
- □子供にNoと言えない　ある　時々　ない
- □「○○ができたらご褒美をあげる」とモノで子供の心を釣るようなことを言う　ある　時々　ない
- □子供の欲求は全部叶えないとがっかりさせたり、嫌われるのではと思う　ある　時々　ない
- □何でもかんでも褒める　ある　時々　ない
- □もっとやる気を出して欲しいので、よくできる子と比べる　ある　時々　ない
- □「私の子だからどうせこの程度かな」と思ってしまう　ある　時々　ない
- □「私の子だから私のようになって欲しい、あとを継いで欲しい」と思う　ある　時々　ない

手を引っ張って歩くのではなく、よちよち、フラフラと歩くお子さんをじっと見守り応援したのではないでしょうか？

確かにあなたが手を取って歩かせれば、一人歩きよりも効率よく距離を進めたことでしょう。でもあなたはそうしなかったはずです。だってお子さんがいつかきっと自力で歩くことができるようになると信じていたからです。見守るなんて面倒臭いとも思わなかったはずです。だって大変なのは最初だけ、とわかっているのですから。それに一人で歩けるようにならなければ困る、とも思っていたのではないでしょうか？

「歩けない子」を育てるか、「この子は歩けるようになる」と信じるか

子育てで一番大切なことは、子供の主体性を育み、あるがままの自分を理解し、自信を持って生きていけるようにすること。もしよちよち歩きの子供を「歩けない子」として扱ってしまえば、その子には主体性も自信も育たないでしょう。側《そば》で親が手を取ってくれないと何もできない子になるでしょう。

民主型の親は子供が自分でできる、またはもう少しでできそうだと信じて見守ります。そして自分に対しても民主型の親であるということは、自分を「私には無理」とみなすのではなく、「きっとできる」と思うことから始まります。

やり過ぎな親は、子供が自分でできるようになる前に、自分でやってしまいます。またはやってあげます。親の目から見た「完璧」を求めるからです。自分に対して民主型になれない人は失敗するのが怖くて「やらない」ことを選択します。やらなければ失敗することはなく「完璧」を守れるからです。

民主型かやり過ぎか、どちらがいい結果を生むかは一目瞭然です。

民主型で育てれば、主体性があり、自分を信じる力を持つ、自分からやる子が育つでしょう。変化の激しい現代を生きる力に満ちた子供を育てることができるでしょう。

ですが、やっぱりこれを実行するのは簡単なことではありません。

私は民主型の親になろうとしましたが、最初の一年は、思うようにいきませんでした。結果的に「やりなさい！」と言ったり、「どうしてできないの」と責めてしまったりと、失敗の連続に終わります。ストレスが溜まって、娘の前で泣いてしまったこともありました。

私は子育てに加えて慣れない海外生活、主婦業、そしてキャリアを積みたいという夢があったので、どうしても服従型や寛容型の罠《わな》に陥りがちでした。

だけどやっぱり民主型の親になりたいし、民主型の親でありたいと思いました。

子供の基礎を作るという素敵な仕事にベストを尽くしたい。子育てをする親なら誰もが持つそんな願いを、私がかなえることができたのは、最強の子育てツールとの出会いがあったからなのです。

第1章のポイント

1. 子供の性格にかかわらず、子供の成功と幸せのために最適とされている親のタイプは、「高いコントロールと期待水準」と「子供の気持ちとニーズを汲み取る温かさ」を兼ね備えた「民主型」です。

2. 民主型の親は、子供のニーズを満たす目標を子供と一緒に考えて作り、それを子供に実践させるようにマネジメントします。

3. 民主型の親は、子供の持てる能力最大の目標を設定し、「できる」と信じて見守ります。

4. 民主型の親は、論理的な考え方でアプローチします。

5. 民主型の親は、子供が規則を破ったときにも、頭ごなしに叱るのではなく、ロジカルコンシークエンスで、子供に考えさせます。

6. 民主型の親は、「あなたはどうしたいの？」と子供に問いかけ、意見に真摯に耳を傾けます。

第２章

能力を最大限に引き出すツール SMARTゴール

ベストな親になれる、その5つのプリンシパル

SMARTゴールを使い慣れている娘には、「世間一般の一番」は関係ありませんでした。

「どうしてハーバードじゃないの？」

コロンビア大学を第一志望として入学を決めたとき、いろいろな人からこう言われた娘は、答えました。

「私にとっての一番はコロンビア大学だから」

ＳＡＴという日本におけるセンター試験のようなものでほぼ満点、高校４年間の成績も一つを除いてすべてＡ、「全米最優秀女子高生」に選ばれ、毎年学力最優秀賞者に贈られる大統領教育賞の最終選考にワシントンＤＣから選ばれたたった二人のうちの一人となり、３歳から続けているバレエでは全米で最高に栄誉あるコンクール Youth America Grand Prix の決勝まで勝ち進みました。そんな娘ですから、誰もが全米で「一番」の大学、ハーバードを受けるだろうと思っていたのです。

ですが娘はありとあらゆることを考慮し「私にとっての一番はコロンビア大学」と決めました。

ニューヨークという地の利、国際性と多様性、ファイナンスへの興味、バレエと学業を両立するための環境、ワシントンＤＣからの距離、日本との繋《つな》がり、そしてコロンビア大学が世界に誇るコアカリキュラム、全米で一番多くのノーベル賞受賞者を輩出しているという実績、魅力ある教授陣と卒業生のネットワーク。

今の自分の能力を最大に引き出してくれるのはここ。次の段階ではまた別の最適があるかもしれない。だけど今はここ、と娘は確信を持って結論を出したのです。

【本章で伝えたいこと】

1. SMARTゴールとは、まっさらな自分の夢を描き、かなえるツール
2. SMARTゴールで、やる気・主体性・思考力・自信が身につく
3. SMARTの5つの意味
4. SMARTゴールの作り方

主体性と行動力と責任感が身につく

まっさらな心で自分と向き合い、まっさらな心でＳＭＡＲＴゴールという自分の能力を最大に引き出すツールを子供の頃から使い慣れている娘にとって大切なのは、「世間一般の一番」ではなく、「どの大学が自分のポテンシャルをより一層高めてくれるか」「自分にとっての一番はどこか？」「自分に一番しっくりくるのはどこか」。そんなふうに考える力がついていました。

自分で決めたことだから意味があります。自分で決めたことだから責任を感じます。自分で出す結果だからそれを１００％エンジョイすることができるのです。

そうやって民主型の子供の特徴である「自分からやる主体性と行動力と責任感」を身につけ、その結果「幸福度、満足度、自信、自尊心、社会性、思考力」をそれぞれ高いレベルで持つことになります。ＳＭＡＲＴゴールは、民主型の子育てをかなえてくれる魔法のツールなのです。

ちなみに大学のランキングですが、わが家では一切見ないことにしました。というのもこれは毎年変わるからです。今年のウォールストリートジャーナルのランキングではハーバードが上でしたが、その前の年はコロンビアのほうが上でした。ランキングは変わります。そして何を比べるのか、評価軸の違いによっても大きく変わってきます。日本で一番の東大は世界では46位です。

SMARTゴールを使えば、それは「夢物語」でなくなる

例えば、運動は好きだけど今まで一度も山に登ったことのない友人が「いつかお天気のいい日に世界でも一番難しい山に登る」と言ったら「夢物語だね」と思うでしょう。それは至極普通の反応です。だけどその友人が「5年後日本アルプスに単独登頂できるように、これから毎日体力作りをし、ザイルなどのテクニックを習得する。そして50歳になってもまだやれるという自信をつける。そのために、今日から近所の××山で毎日1時間山道を歩く」と言ったら「きっと大丈夫。できるよ」と思えるのではない

でしょうか。そして応援したくもなりますよね。

反応の違いはその友人の夢がＳＭＡＲＴゴールかそうでないかにあります。

SMARTゴールとは？

ＳＭＡＲＴゴールとは以下の５つを満たしているものをいいます。

「はじめに」でもご紹介しましたが、あらためてまとめてみましょう。

(1) Specific　具体的
(2) Measurable　計測可能
(3) Actionable 自力で達成可能
(4) Realistic　現実的
(5) Time limited　時間制限付き

「いつかお天気のいい日に世界でも一番難しい山に登る」という夢は、このいずれの条件も満たしていません。ですが、「5年後、日本アルプスに単独登頂できるように、これから毎日体力作りをし、ザイルなどのテクニックを習得する」という計画には時間制限があり、その内容は自力で達成できる現実的なものです。「50歳になってもまだまだやれると自信をつける」という具体的な目標があり、そのために、「今日から近所の××山で毎日1時間山道を歩く」という、自力で達成できる、計測可能なルールが設けられていて、SMARTの5つの条件をすべて満たしています。

こんな夢の見方なら現実味がありますよね。

自分の能力を最大に引き出すSMARTゴール

ＳＭＡＲＴゴールを実践することの利点は、自分にとっての最適最大という高い水準を目標に設定し、そこに到達するために自分をどう律し、どう行動していくか、それを自分で決めて自分で実践することにあります。

ですから**比較ではなく、論理的に情報を集め検証し、自分をありのままに見つめる真の思考力が育ちます。**また実践することで結果を得るため、**自信を積み上げていくことができる**のです。

ＳＭＡＲＴゴールを子供と一緒に実践していく親は、自分も日々目標に向かって行動することで、難しい壁にぶち当たったり怠け心を自制したりと、自分に真摯《しんし》に向き合っています。ですから、子供に対しても、親の思い込みや強制なしに子供の主体性を認め、子供をあるがままに見つめ、尊重し、子供の声に耳を傾けることができます。そして、強制でも服従でも寛容でもなく、子供が自分で決めた目標に達するためのルールを、子供自身がしっかり守っているかどうか適度に管理する民主型の親となっていくのです。

私はＳＭＡＲＴゴールで、ベストな親の特性を身につけただけでなく、目標を確実にクリアすることで、ギャラリーオーナーという生き方を手に入れ、ギャラリーを商業的に成功させ、アジアの現代アートの素晴らしさをアメリカに伝える一端を担うことができました。そして、ワークライフバランスのために再度ＳＭＡＲＴに夢を見つめ直し、アートコンサルタントに転業しました。さらに起業家となって15周年を迎えた50歳を機に、またまた新たなＳＭＡＲＴゴールを歩いています。これからの20年は、アートビジネスで鍛《きた》えた人間力をフルに活かして、ライフコーチ、そして日本人初のモチベーション・スピーカーとして歩いていきたい。それが今の私のＳＭＡＲＴゴールです。

成長し続ける娘と一緒に、私もＳＭＡＲＴゴールで自分育てを続けています。

子供は「やりたい」からやる

子供は「やりなさい」と言われたからやるのではありません。「やりたい」からやるのです。それをやることに意味を見出すからやるのです。そのためにはまずは**親が手本を見せる**ことです。親が夢を持ち、失敗と成功を重ねながら毎日進む姿を見て「自分もそうなりたい」と子供に思わせることです。

望むと望まざるとにかかわらず、わが子のロールモデルとなるのは、親自身。だから、まずは、**自らが子供にSMARTゴールのお手本を見せることから始めましょう。**ゴールに向かって厳しく自分を律し、自分の最大の能力を引き出すように頑張る。できない自分を責めるのではなく、どうしてできないのかを考え、自分の能力や時間を考慮しできるようになる方法を試す。そうやって、まずは親が自分を民主型で育て、そして子供にそれを見せるからこそ、民主型の子育てがより効果的に、そして説得力を持つのです。

自分ができないこと、やっていないことを人に説明し、やるように説得するのは非常に難しいこと。ですが、自分がやったことを見せるのは誰にでもできます。そして人は「見える」から興味を引かれるのです。だって結果が見えますから。話は聞いても「ふーん」で終わりがちです。

「自分からやる子」に育てるスキルを、子供のときから与えてあげる。これは一生もののスキルです

民主型子育ての魔法のようなツール、SMARTゴールは、子供の主体性を育てます。というのも「自分からやる子」に育てるのに大切なのは、精神力ではないからです。スキルです。いつ、何を、**どんなふうに、何のためにやるのか、どんな結果や水準を求めるのか。それは精神力では得られません。**到達できるのはスキルがあるからです。それをSMARTゴールは簡単にかなえてくれます。

まずはお父さんやお母さんがＳＭＡＲＴゴールを作り、それをもとにお子さんと対話し、お子さんがＳＭＡＲＴゴールを作るお手伝いをしましょう。

このときに「こうしなさい」「パパならこうする」「ママはそうじゃないほうがいいと思う」といった言葉はご法度《はっと》です。親が言うのはこのたった２つのフレーズです。

「あなたはどうしたいの？」
「どうやったらそこに行けると思う？」

SMARTゴール、5つのプリンシパル

それでは、ＳＭＡＲＴゴールの説明に入りましょう。

繰り返しますが、ＳＭＡＲＴゴールは、親がまずやって、お子さんに見せてください

ね。

お子さんがまだ小学生の場合は、宿題など、やらないといけないことから練習してみてください。何をするか、そのためには何をどう、いつ、どんなふうにやらないといけないか、というスキルを身につけ「自分からやる子」になるように鍛えていきます。

S Specific クリスタルクリアな夢を見る

――SMARTゴール1：ブレーンストーミングで自分の心を見える化する

夢は何ですか？　やりたいことは何ですか？　パッションは？　考えているキャリアは？　やらないといけないことは？

夢が具体的であるかどうか。手で触れるくらい具体的であればあるほど、夢はかないやすくなります。具体的にするには、いくつかの基本事項を確認する必要があります。

- **何をしたいのか**
- **どうしてやりたいのか**
- **どんな結果を求めるのか**

「やりたいこと」は、ある日突然降ってくるものではありません。自分で探すから見つかるのです。

まずは自分の心の中を探ってみましょう。

いろいろなことを自由に思い浮かべることをブレーンストーミングといいますが、とにかく浮かんでくる言葉を書きとめます。

このときに大切なのは「考えない」こと。だって考えると「やっぱり無理」とか「これはないよなあ」なんて感情が入り込んでくるからです。頭に浮かんだことをパパッと書き留めると、そこには自分のまっさらな気持ちが書き出されていることがあります。

最低でも10個ほど書き出してくださいね。「そんなにたくさん無理」と思われることでしょう。私もそうでした。大抵2、3個は浮かぶのですが、そのあとはかなりの想像力を要します。だけどそんなところに意外な可能性が潜《ひそ》んでいることもあるのです。

「やりたいこと」が見つからないときは、読む、出向く、会う

やりたいことがまったく見つからないときは行動ありき。思い込みや先入観を捨て、**とりあえず何かをやってみる**ことです。

あまり難しく考えないで、たとえば新聞を**読み**、その中で何かしら心に触れるものがあったら、それについてネットでどんどん調べていくというのも一つの方法です。

調べていくなかでピンときたものや「これ何だろう?」とさらに調べたものを簡単に書き留めていくのです。特別なことを書く必要はありません。一言や1行でもいいので簡単に書き留めておくと、後から見たときに自分の興味がどういう物事に向かっているのか、何となく見えてくるはずです。

私は今でも、こうしたメモをこまめにとっています。デジタル化の流れに抗《あらが》うつもり

はありませんが、私がメモを書き留めるのは手書きの手帳。全体が見えるし、印なども つけられるので、アナログな手書きの手帳をあえて使っているのです。

また、**いろいろな人に出会う**というのも、非常に刺激になります。人に会うことで、「こんな生き方をしたい」「こんな仕事をしてみたい」と思うこともありますし、「そういうやり方もあるんだ」「そんな仕事があったんだ」と気づかされることも多々あります。私のライフコーチというゴールも、実はそんなふうにしてたどり着いた「やりたいこと」だったのです。

とにかく行動ありき。いろいろなことをし、**いろいろなところに出向く**ことです。

最初は、これも違う、あれも違うということが続くかもしれません。でも、違うことがわかるだけでももうけもの。消去法のつもりでやっていくうちに、自分にしっくりくるものにきっと出会えるはずです。

そうして「やりたいこと」が見つかったら、いよいよここから夢をSMART化していきます。

M Measurable 計測可能な夢を見る

——SMARTゴール2：毎日の成功を数値化するから夢がかなう

目に見える結果（もの）がなければ、自分がゴールにたどり着いたのか、まだたどり着いていないのか、わかりません。自分の努力の結果が目に見えるものでなければ、前進しているのか停滞しているのかすらわかりません。

夢をかなえるには、その夢とそのための努力が「計測可能」であることが必須です。

そしてSMARTゴールには、最終的にたどり着く自分にとって**最適最大のゴール**の他にもう一つ、ゴールにたどり着くために取る毎日の行動という、**1日単位のSMARTゴール**もあります。これも計測可能であることが重要です。

計測可能な毎日の行動を考えるのは、難しいと思われるかもしれませんが、最終的にたどり着きたいSMARTゴールが数字でしっかりと出ていればあとは簡単です。

そこに行くまでに何をどのくらいやればいいか、最終的なSMARTゴールを分解するだけでいいのですから。

ゴールの細分化は、ゴールから逆にたどる。そして小さな行動の大切さを知る

ゴールを分解するときは、到達したいゴールから逆にたどります。その理由は未来から過去の自分を見つめると、そこに到達するまでに自分が通った道が見えやすいからです。

それぞれの地点から逆算すると、いつまでに何をしておきたいかがわかり、そのための具体的な行動も見えてきます。

もう一つ、ゴールを細分化する大きな理由があります。それは**小さな行動の大切さを学ぶということです。**大きな目標を細分化しているので、毎日の行動自体は小さくとも、それが大切なパズルの1ピースであることが理解できます。

だからどんなに小さくともバカにせずそれをやり遂げようとするし、やるたびに大きなゴールに近づいているという幸福感と満足感、そして確信が生まれるのです。

同時に**小さなことをコツコツと続けられなければ大きな成功には届かない**、ということも学んでいけます。その過程で、自分を律し、かつ高水準でその日の行動をこなすようになっていけるのです。

大切なのは、成功の数！
大きな一つでなく、小さな成功を毎日！

そしてもう一つの利点は、毎日の小さな行動を積み上げていくことが、成功の記憶となって蓄積されていくことです。

失敗から学ぶことも大切ですが、**もっと大切なのは成功の数です。**成功の大きさは関係ありません。どんなに大きな成功も1回は1回です。それよりはどんなに小さくても毎日成功を重ねることのほうがよっぽど心を鍛えます。

1日1回、1年で365回の成功を重ねるご自分の姿、子供の姿を想像してください。

1年に1回の成功という思い出で暮らすよりも、常に成功体験に溢れていますよね。毎日成功するのだから自分に対する満足度も幸福度も自信も上がります。

大切なのは成功の数！　大きさではありません。

A　Actionable　自力で到達できる夢を見る

――SMARTゴール3：行動するから夢がかなう

他力本願や運任せでは、夢自体がかなうかどうか怪しくなります。**偶然任せの人生で**

は自分の人生は作れません。それは誰かに操《あやつ》られる人生を生きるのと同じことになってしまいます。

例えば「認められる」という夢はなぜ、ＳＭＡＲＴではないのか？

それは「認める」のは自分ではなくて他人だからです。**「認められる」というのは人の判断に多分に左右されるため、自力でたどり着くことができません。**「昇進する」というのも同様かと思います。ＳＭＡＲＴな夢に大切なのは、自分が行動することによってそのゴールを達成することができるかどうか、なのです。

「認められたい」という夢から具体的な夢に変えて、主役の座を獲得

私は今、ライフコーチとして、このＳＭＡＲＴゴールをワークショップに取り入れていますが、私のワークショップに参加してくださったあるダンサーは、「認められたい」という他人に委《ゆだ》ねた夢から、具体的なＳＭＡＲＴな夢に変えて、主役の座を獲得しました。「健康に気づかったメニューで自炊を週5回にして食生活を改善し、体力を上げる

カーディオ運動を毎日30分加えて運動プログラムを変えて、3カ月後にはいつでもベストな状態で舞台に立てるようにする」というSMARTな夢に変えたのです。

そして3カ月後には主役の座を手にし、またモスクワのコンクールに行くことが決まり、アフリカでの舞台に出演する依頼を受けました。彼女の「今よりもっと認められたい」という夢はSMARTに変換して、もっと具体的に、数値で成功を測ることができ、自力でできることにフォーカスすることでかないました。それも実に効果的に。

これがSMARTゴールのパワーなのです。一体自分がどこに、何のために、どうやって向かっているのかが手に取るようにわかる、それがこの方法の強みです。子供の主体性が育ち、自分を厳しく律し、やり抜く力を持ち、幸福感と満足度が上がる構図がよくわかりますよね。だからこそ、SMARTゴールは民主型子育ての魔法のツールなのです。

R

Realistic　自分の価値観と強みに合った夢を見る

――SMARTゴール4：本当の自分を知っているから夢がかなう

自分らしくない生き方は、かなえても意味がありません。そこには自分らしい幸せがないからです。

夢を見るとき、自分らしい人生を思い描くときは、それが自分の価値観や強みと合致していることが重要です。苦手な夢の中で生きても、幸せや満足感や自信は得られません。また自分らしい生き方を効率よくかなえるためにも、自分の興味、価値観、能力に合っているかどうかを考慮することが必要です。伸《の》び代《しろ》はそんな自分の強みの中に眠っています。

好きだから大変でも苦にならず頑張れるし、元々得意なことですから伸び方も大きいのです。これが苦手で嫌いだったら伸び代なんてあるのでしょうか？　自分の強みを使って見る夢には、今の自分が思う以上に大きな伸び代があります。

好きだから心がポジティブになり、長い道のりも息切れすることなく歩き続けることができるのです。自分の価値観に合っているからこそ、「本当にこの道でいいのか」と不安になることなく進んでいけるのです。

コツは自分に正直になることです。

他人の評価に左右されないことです。

あなたの心の中ですから、正解も間違いもありません。あるのはあなたの本当の気持ちだけです。

T　Time Limited　時間制限付きの夢を見る

――SMARTゴール5：時間制限があるから夢がかなう

「いつか」では夢は絶対にかないません。なぜなら「いつか」にはスタート地点がないからです。スタート地点がなければゴール地点もありません。始まらない旅はいつまでたっても夢物語です。

たとえば「イタリアに行きたいな」と思っているうちは、どんなにその気持ちが強くても、イタリアに行くことはできません。「イタリアに行きたい」という憧れを持っている状態が延々と続くだけです。

「イタリアに行きたい」という夢を現実のものに変える秘訣は何か？

それは、**夢に期限をつける**ことです。

「半年後」「来年の夏」というように、イタリアにいつ行くかを具体的に決めると、その瞬間に憧れは具体的な目標に変わり、実現へと向かって動き出すのです。

SMARTゴールの最低時間制限は？

子供の場合、**小学生であれば、最小単位は1週間**で十分かと思います。そこから年齢経験とともに3週間、3カ月、1年と増やしていきます。**中高校生以上は、大人と同じでいいでしょう。**

大人の場合、時間制限の最小単位は3カ月です。一般に、新しい習慣を身につけるには最低3週間かかるといわれています（著名な整形外科医マックスウェル・マルツ医師が1960年に出版した非常にポピュラーな"Psycho-Cybermetrics"によると、新しい習慣に慣れるまでには21日かかるといわれています。以来、この21日は、一種の基準としてよく用いられています）。また、その新しい習慣が自然とできるようになるまでには、3カ月かかるとも。まずはSMARTゴールのコンセプトに慣れるために3週間から始めてみましょう。

まずは3週間で結果を出すことに慣れ、それを繰り返すことによって最初の3カ月にたどり着く。そこから5カ年計画や10カ年計画といった長期にわたる大きな目的を達成するのがSMARTゴールの最終目的です。

SMARTゴールを作ってみよう

実際にSMARTゴールを作ってみましょう。

大人用と子供用のSMARTゴール設定ツールを本書の巻末に用意しています。シートの中のボックス（空欄）を埋《う》めて、ご自分のSMARTゴールを設定してみてください。

大人用と子供用それぞれには、スカイと私の記入例を挙げますので参考にしてくださいね。

子供用のSMARTゴールの記入例は4種類用意しました。一つは、スカイがモナーク蝶のお世話係になった小学生のときのもの（図3）、あとの3つは、3週間、3カ月、1年と設定時間のバージョン違いです（図4・5・6）。大人用は、私がワシントン

ＤＣでアートビジネスができることをゴールにしたものです（図7）。それぞれの期間で成し遂げたいこと、成し遂げられる最大のＳＭＡＲＴゴールを設定するところから始めてみましょう。

小学校低学年：蝶のお世話係で使ったSMARTゴール

では、実際にどのように私と娘がＳＭＡＲＴゴールを作成したのか、二人の対話を通じてご紹介しましょう。小学校低学年のとき、スカイが蝶のお世話係になりました。そのときにＳＭＡＲＴゴールを使った例です。


「今度ね、クラスで飼ってるモナーク蝶のお世話係になったの」

「あらそうなの、楽しそうね」

「うん、元気に南の国に帰れるように、みんなで交代でお世話してるの」

「スカイちゃんのお当番はどのくらい？」

「1週間なの」

「じゃあ、その1週間頑張らないとね。どんなことしないといけないの？」

「お水と葉っぱをあげたり、お掃除したり、日記に書いたり。でも絵は嫌なの」

「へー、だけど日記って絵じゃなくてもいいんじゃない？」

「うん、作文でもいい？　って先生に聞いてみる」

「いっぱいやることあるね。じゃあ、忘れないように紙に書いてみようか？」


ここでSMARTゴール子供用のワークシートを取り出します。


「まずは1週間でやらないといけないこと、さっき言っていたきちんとお世話するってことを書いてみようね」

*この部分を一番上のSpecific & Time Limitedに記入します。お子さんが書くのが一番いいのですが、まだ書くのに慣れていない低学年の場合は、お母さんが手伝ってあげてもいいいし、絵でも大丈夫です。ワークシートも画用紙など大きな紙にお母さんが手書きの

図3　SMARTゴール（子供版）　1週間記入例：小学低学年

宿題、勉強、おけいこなど、やらないといけないことやもっとできるようになりたいことは何？

Specific&Time Limited　1週間でやりたいことややらないといけないことを書いてね。

今週は1週間クラスで飼っているモナーク蝶の係になったからきちんとお世話をしたい。

Actionable　1週間でできるようになるにはどんなことをすればいい？　何をしないとだめ？

水をあげる	餌をあげる	カゴを掃除する	観察日記を書く	先生に報告

Measurable　毎日どのくらいやったら1週間でできるかな？

1日2回	1日1回	金曜日1回	毎日10分	毎日1回

Realistic　できそうだと思う？

できる	できる	できる	絵より作文が得意だから日記を書く	できる

SMARTゴール　上に書いたことをまとめてSMARTゴールを書いてみようね。

今週1週間クラスで飼っているモナーク蝶のお世話係になったから、毎日2回学校に行ったときと帰る前にお水をあげて、一日一回朝餌の葉っぱをあげて、金曜日はランチタイムにカゴをきれいにして、毎日お友達にも成長がわかるように観察日記を書く。そして先生に毎日報告する。日記はママがお迎えに来る前に書く。そして1週間後、元気な蝶の係をお友達にバトンタッチする。

チェック　SMARTをちゃんとカバーしてるかな？

Specific	Measurable	Actionable	Realistic	Time Limited
やりたいことや、やらないといけないことがわかっている？	毎日のやることやゴールをちゃんと数字で書いたかな？	ゴールや毎日の行動は自分の力でできることかな？	これならできる！やりたい！と思う？	期限は1週間。このゴールは1週間でできること？

チェックボックス

□　□　□　□　□

枠を書けば、小さいお子さんにはもっと書きやすくなるかと思います。ボーク家も、スカイが小学校低学年のときは、大きな紙に絵や文字を使って書いていました。

「じゃあ次は、毎日やることを書いてみようか」

*Actionableに記入します。

「それって何回もやるの？　それとも1回？　何分くらいやらないといけないの？」

*Measurableに記入します。

「できそうかな？　もし無理そうならどうやったらできるか考えてみようね。さっき絵は嫌だけど作文ならできるって言ってたね。それっていい考えだと思うよ」

*Realisticに記入します。

「これを全部まとめるとこんな感じになるかな？」

*上記をまとめてお母さんが読んであげましょう。ゴールがきちんとSMART化しているかどうかも、小学生のうちは親御さんが一緒に確認してあげるとよいと思います。このチェックをすることで、お子さんはより明確に自分の決めたゴールを理解しますから、行動と結果がついてきます。

小学校高学年：夏休みの課題で使ったSMARTゴール

もう一つ別の例をご紹介します。これはスカイが小学校高学年の夏休みの課題をするときにSMARTゴールを使った例です。


「読書の宿題、何を読むか決めた？」

「うん、大好きなナンシー・ドルーを全部読みたい」

「えー、全部？　どうして？」

「おばさんが夏休みに読むようにってプレゼントしてくれたから、全部夏休み中に読みたいの」

「あと3週間しかないけど大丈夫なの？」

「うーん、どうだろ、全部で6冊あって感想文も書かないといけないし」

「だったら毎日どのくらい読めばいいと思う？　どのくらいなら読めると思う？　書くのにどのくらいの時間がかかるかな？」

ここでＳＭＡＲＴゴール子供用のワークシートを出します。

「まずは、夏休みの残り3週間でやらないといけないことを書いてみようか」

*この部分を一番上のSpecific & Time Limitedに記入します。高学年になれば自分で書かせましょう。字が下手とか漢字をあまり使っていない、ということは重要ではありません。大切なのは、自分で決めて自分で実行することを自分で記入するということですから。

図4　SMARTゴール（子供版）　3週間の記入例：小学高学年

宿題、勉強、おけいこなど、やらないといけないことや、もっとできるようになりたいことは何？

Specific&Time Limited　3週間でやりたいことや、やらないといけないことを書いてね。

夏休みの自由課題は大好きな探偵小説、ナンシー・ドリューの 6 冊セットを 3 週間で全部読んで感想文を書く。

Actionable　3週間でできるようになるにはどんなことをすればいい？　何をしないとだめ？

読む	書く	読むページ数と時間を決める	書く時間を決める	

Measurable　1週間でどのくらいやったら3週間でできるかな？

1週間に 2 冊読む	1週間に 2 回感想文を書く	1冊読むのに 5 時間かかる x2	感想文一つに 1時間かかる x2	

Measurable　毎日どのくらいやったら1週間でできるかな？

月曜から水曜、毎日 2 時間読んで 1 冊終える	水曜日の残り 1 時間で感想文を書く	木曜から土曜、毎日 2 時間読んで、2 冊目を終える	土曜日の残り 1 時間で感想文を書く	日曜日はお休み

Realistic　できそうだと思う？

できる	できる	できる	できる	怠けたときやできなかったときがあったら日曜日に挽回できる

SMARTゴール　上に書いたことをまとめてSMARTゴールを書いてみようね。

夏休みの間にもっといろんな言葉を学んで、読むのが速くなり、文を書くのが上手になるように、夏休みの自由課題は大好きな探偵小説、ナンシー・ドリューの 6 冊セットを毎日 2 時間読んで、読んだらすぐに感想文を書くようにして、3 週間で全部読終えるようにする。

「じゃあ次は、毎日やることを書いてみようか」

*Actionableに記入します。

「毎日何分くらいやったら読み終わりそう？」

*Measurableに記入します。

「できそうかな？　もし無理そうならどうやったらできるか考えてみようね。もしかしたら6冊は難しい？　それとも毎日やるのは大変？」

*Realisticに記入します。

「これを全部まとめるとどんな感じになるかな？」

*小学校高学年になったらお子さんが記入します。ゴールがきちんとSMART化しているかどうかは、小学生のうちは親御さんが一緒に確認してあげるとよいと思います。でもお子さん主導ということを忘れないで。無理か大丈夫か、お子さんに考えさせましょ

う。そこで無理そうとなったらお子さん主導で修正していきます。このチェックをすることで、ゴールはお子さんにとってより現実的になり、お子さんはより明確に自分の決めたゴールを理解しますから、行動と結果がついてきます。

大切なのは親子の対話によって、子供に考えさせることです。それが主体性を生み、責任感と行動力そして結果につながります。だから「こうしなさい」「それは無理」「やりなさい」はご法度《はっと》です。

図5　SMARTゴール（子供版）　3カ月の記入例：中学高学年

Specific&Time Limited　3カ月でやりたいことや、やらないといけないことを書いてね。

3カ月後のコンクールでバレエ「海賊」パキータのバリエーションを踊れるようにする。

Actionable　3カ月でできるようになるにはどんなことをすればいい？　何をしないとだめ？

振り付けを覚える	曲を覚える	足と腹筋を鍛える	ハードな振り付けなので持久力を上げる	毎日のレッスン

Measurable　毎月何をどのくらいやったら3カ月でできるかな？

最初の1カ月	振りと曲を完全に覚える	筋力アップ最初はウェイトを使わないで週3回10分	持久力アップはトレッドミルを30分、週3回	月曜から土曜まで毎日3時間
2カ月目	自分の骨格と技術にあった振り付けに変更	筋力アップ2カ月目は500gのウェイトを使用して週3回10分	持久力アップはトレッドミルを30分、週3回	月曜から土曜まで毎日3時間
3カ月目	完璧を目指す	筋力アップ3カ月目は1kgのウェイトを使用して週3回10分	持久力アップはトレッドミルを30分、週3回	月曜から土曜まで毎日3時間

Measurable　毎日どのくらいやったらできるかな？

3カ月間	レッスンの他にバリエーションのレッスンを毎日お稽古の後30分増やす	ウェイトと持久力は学校が遅く始まる水曜日の学校に行く前にやる	ウェイトと持久力の3回目は土・日にやる	レッスンは週6日3時間ずつ

Realistic　できそうだと思う？

3カ月間	練習時間が増えた分、睡眠時間が減らないように、宿題など空き時間にもっとやる	学校がある日にやるのは1回だけだからできる	土日は時間があるから十分できる	いつものことだからできる

SMARTゴール　上に書いたことをまとめてSMARTゴールを書いてみようね。

3カ月後のコンクールに万全の体制で臨み、自分の能力を最大に発揮するために、自分の表現力と技術の伸び代を考慮して「海賊」パキータのバリエーションを選択。最初の1カ月で振り付けを覚え、その後技術的に無理なところがあれば自分に合った振り付けに変えながら、毎日30分お稽古時間を増やし、週3回体力と筋力トレーニングを増やし、3カ月後に完成させる。

図6　SMARTゴール（子供版）　1年の記入例：高校生

Specific&Time Limited　1年でやりたいことや、やらないといけないことを書いてね。

日米の高校生が日米問題について話し合える「日米高校生フォーラム」サークル活動を1年後に始動させる。

Actionable　1年間でできるようになるにはどんなことをすればいい？　何をしないとだめ？

日米のメンバーを集める	話し合いに使うテクノロジーを見つける	会場と会議進行者を探す	年2回フォーラムを開催できるようにテーマを検討	

Measurable　最初の半年、次の半年でどこまでできていればいい？

最初の半年	日米で賛同者を2人ずつ見つけ実行チームを作る	チームでサークルの趣旨や目的、行動時間などを決める	会議進行にふさわしい日米関係の専門家を15人リストアップする	グーグルやフェースブックなど数人、数カ所から使えるテクノロジーを検討する
次の半年	ウェブサイトを作り日米で日米高校生フォーラム参加者を開始1カ月前までに5人ずつリクルート	ウェブサイトで最後の1カ月までに告知をスタート	一人一人に連絡して、会議進行役へのアプローチを始め3人確保する	テーマを開始1カ月前までに一つ決める

*この後はこれまでにやった3カ月、1カ月、1週間、毎日のブレイクダウンと同じように大きなゴールを小さくしていけばいいだけです。ここまでくれば慣れたもの、でしょう！

Measurable　最初の3カ月でどこまでできていればいい？
Measurable　最初の1カ月でどこまでできていればいい？
Measurable　最初の1週間でどこまでできていればいい？
Measurable　毎日何をどのくらいやればいい？

Realistic　できそうだと思う？

	サイト作りが一番難しいけど、自分で作れる簡単なサイトなら、コーディングできる友人に教えてもらってできるようにする	書くのは得意だからできる	メンバーと協力すればできる！	司会者が決まったら一緒に相談して決める。できる

SMARTゴール　上に書いたことをまとめてSMARTゴールを書いてみようね。

1年後に日米問題に興味のある日米の高校生が集まって建設的に日米問題を話し合う場、日米高校生フォーラムを始動させるために、最初の半年で実行チームを決め、目的やテーマ、司会者などについて相談し、次の半年でウェブサイトで目的や趣旨を告知し参加者を開始1カ月前までに10名募る。最後の1カ月は日米で同時に話し合えるようなテクノロジーを使う練習や司会者とテーマの選定、場所を確保して実施に備える。

図7　SMARTゴール（大人版）　記入例

自分のやりたいことをSMART化して、SMARTゴールを作ってみましょう。

Specific　自分が見つけたやりたいことを一行で書き出しましょう。

夫しか知らないワシントンDCでアートビジネスができるように人脈、知識、経験を作る。私がいつか開きたいギャラリーは2階にあるホワイトキューブで私は黒い服を着て、黄色い花を飾る。

Time Limited　時間制限は3週間です。

Actionable　そのゴールに3週間で到達するために必要だと思う、自分でできる行動を書き出しましょう。

人脈づくり	自分を知ってもらう	アートの経験を積む	知識を高める	

それをもっと具体的な行動に書き換えます

人に会えるイベントに参加する	自分を知ってもらうために名刺を作る	アートボランティアを探す	アート施設の見学	新聞を読んでアーティストの名前と評論家を知る

Measurable　それぞれの行動で現実的に3週間でできそうな、到達しうる最適最大の数値を考えます。

イベントに10回出席する	名刺を13～15枚渡す	3週間でボランティア職を一つ得る	20のアート施設を見学する	アート関係者の名前を20覚える

それを1週間に分解します。

イベントに2～3回出席する	名刺を4～5枚渡す	10カ所に電話する	7つのアート施設を見学する	アート関係者の名前を7つ覚える

それをさらに今日やる行動に分解します。

美術館とギャラリーのイベントに出席	イベントで最低名刺を1～2枚渡し、もらった名刺に特徴を書いて覚える	水曜日は2時間美術館ではたきかけ	毎日1カ所アート施設を見学する	毎日15分アート欄を読み、出てきた名前を記憶する

Realistic　それぞれの行動と数値はあなたの興味、強み、能力、伸び代、状況を考慮したときに現実的ですか?

人に会うのは大好きだから大丈夫	記憶力はいいのでこれも大丈夫	それしか見つからないならそこから始めて上に行く	十分可能、時には2カ所できるかも	ノートを作ってやれば大丈夫

SMARTゴール　上記をまとめてここにあなたのSMARTゴールを書き出してみましょう。

この3週間で10回アート関係のイベントに出席し、毎回最低4人と出会い名刺交換し、人脈を広げる。アートの世界の経験を積むために美術館でのボランティアを週1日で始める。それは人脈にもつながる。そして知識を増やすために20のアート関連施設を見学し、毎日15分ワシントンポストとNYタイムズのアート欄を読んで最低20の業界人の名前を覚える。

検証　そのSMARTゴールがSMARTかそうでないかを検証していきます。それぞれの項目以下のことがカバーされているかどうかをチェックします。

Specific 具体的	Measurable 計測可能	Actionable 自力で到達可能	Realistic 現実的	Time limited 時間制限
1ゴールにたどり着いた自分はどこで何をしているか? 2どうしてこのゴールにたどり着きたいのか? 3ゴールにたどり着くには何が必要か?	1ゴールは具体的な数字で表わせるか? 2ゴールの数値は金額?　件数?　資格の合否?　人数?　テストの点数?　勉強のコースの終了?	1その行動は自分でできることか? 2その行動は、自分の今の力と伸び代に見合っているか?　高め、低めではないか?	1ゴールに到達するのに必要なスキル、強み、資金があるか? 2ない場合、それは育成、集金が時間制限内に可能か? 3このゴールは本当にあなたにとって大切なことか?	3週間

チェックボックス

□　□　□　□　□

これであなたのSMARTゴールが設定されました!

第2章のポイント

1. 「自分からやる子」に育てるために必要なのは、精神力ではなくスキルです。SMARTゴールはそれをかなえてくれるツールです。

2. SMARTな夢なら、実現できます。

3. SMARTゴールは、成功体験を増やすので、幸福感と満足感を得ることができます。

4. SMARTゴールは、まずお父さんやお母さんがやってみます。それを元にお子さんと対話し、SMARTゴールを作るお手伝いをします。

第3章

「SMARTノート」を使ってSMARTゴールを実践する

「いつまでに?」「何を?」「何のために?」

ボーク家では、SMARTゴールを見える化した「SMARTノート」を使っています。

ここからは実践編です。どんなに最適最大なSMARTゴールも、行動しなければ始まりません。毎日の結果をモニターしなければ、自分はゴールに近づいているのかどうかが見えませんから、それでは計画を立てるそもそもの意味がありません。そして、目的がなければ何のためにやっているのかわからなくなり、続きません。

SMARTゴールはやり方を知っていれば誰でも実践できます。ですが結果を出すか否かは、いかに「見える行動計画表」を作り、行動をモニターするかにかかっています。

ですからわが家では、SMARTゴールをもっと見える化した「SMARTノート」を作っています。「SMARTノート」とは、行動計画、実践、モニター表を1枚にまとめたもの。これをSMARTゴールの成功ツールとしました。

【本章で伝えたいこと】

1. SMARTゴールの成功の鍵は、①行動 ②モニター ③目的
2. SMARTゴールを見える化するための「SMARTノート」で実践
3. ゴールを細分化し、「毎日の行動」にまで落とし込んで行動する
4. 計画した自分の行動をモニターする
5. 「何のために?」という目的(ビジョン)の大切さ

それでは、「ＳＭＡＲＴノート」の説明に移る前に、まずは親であるあなたのＳＭＡＲＴゴールをここに1行で書き出してくださいね（第2章のＳＡＭＲＴゴールの設定法を参考に。「昇進する」といった他人に評価を委《ゆだ》ねるゴールではなく、自らの力で達成できるＳＭＡＲＴなゴールを！）。そして「自分はできるぞ！」と心に決めてください。

あなたのＳＭＡＲＴゴール

では、始めましょう。

ステップ1：SMARTゴールの細分化で、ゴールを毎日の行動にまで分解

さて、ここで実際、娘がどんなふうにこのSMARTノートを使って、SMARTゴールを毎日実践していったか、小学生のときの例（第2章に掲載した「モナーク蝶の世話係」のSMARTゴールを、SMARTノートで実践しました）をとってご紹介します。記入用のSMARTノートは巻末に載せています。

これは細かい作業のように思えて億劫《おっくう》に感じる方もいらっしゃるかもしれません。ですが、私は面倒なことが大嫌い。それに面倒だと続きません。加えて起業家として毎日忙しかったからこそ、いかに効率よく実践できるかを考えてこのノートを作ることにしたのです。

大切なのは**「はっきりと見えること」**です。頭で考えているだけではいつまでたっても「ぼんやり」ですから。それではどんなに素晴らしいＳＭＡＲＴゴールがあっても効果的に結果を出していくことは難しいです。

ＳＭＡＲＴノートを使えば、ボックスに記入していくだけですから全然面倒なことなく、あっという間に自分が今日しないといけないことがわかるようになります。そしてそれがどこに向かっているのかも。

スカイは、このＳＭＡＲＴノートで、夏休みの課題、バレエのコンクールの準備、「日米高校生フォーラム」のサークル活動始動などを自ら実践していきました。

小さい頃から訓練すれば、大きくなるにつれより大きな目標を設定でき、そしてそれに到達するように自分を律し、管理していくことができるようになります。

図8 SMARTノート(子供版) 記入例

今週のSMARTノート

何のために?

モナーク蝶が育ったときに元気で南の国に帰れるように

今週のSMARTゴール:

今週1週間、クラスで飼っているモナーク蝶のお世話係になったから、毎日2回学校に行ったときと帰る前にお水をあげて、1日1回朝餌の葉っぱをあげて、金曜日はランチタイムにカゴをきれいにして、毎日お友達にも成長がわかるように観察日記を書く。そして先生に毎日報告する。日記はママがお迎えに来る前に書く。そして1週間後、元気な蝶の係をお友達にバトンタッチする。

毎日やることは何?

・朝と帰る前にお水をあげる
・朝葉っぱをあげる
・金曜日のランチタイムにカゴをきれいにする
・毎日観察日記を書く
・帰る前に毎日先生に報告する

ちゃんとできたかな?

	できた	やらなかった
月曜日	☒	☐
火曜日	☒	☐
水曜日	☒	☐
木曜日	☒	☐
金曜日	☒	☐
土曜日	☒	☐
日曜日	☒	☐

Success and Thank you

今日できたことやありがとうと思うこと

月 ちゃんとお世話できた! 良かった
火 作文を毎日書くのはちょっと面倒だけどきちんとやろう
水 お友達が日記に蝶の絵を描いてくれた。ありがとう
木 今日もちゃんとお世話できた
金 カゴのそうじは大変だけどお友達が手伝ってくれた。ありがとう。私も今度手伝ってあげよう
土 学校はお休みだからモナーク蝶についてママに読んでもらった
日 パパとママにモナーク蝶についてわかったことを話した

今週できなかったこと、やらなかったこと

*できなかったことなど **どうやったらできるようになる?
1. 絵は嫌いだから描かなかったけど、お友達にお願いすればいいんだと思った。自分は苦手だけど、それがすごくできる子がいるんだなとわかった
2.
3.

5カ年計画も最初の3週間から始まる

1週間、3週間、3カ月、1年のSMARTノートは、子供用も大人用も基本は同じです。お子さんが中学生以上でしたら、この大人用を使ってください。記入用のSMARTノートは巻末に掲載しています。

例として、私の3週間のSMARTノートをご紹介しましょう（図3）。これは、私の5カ年計画SMARTゴールを細分化し、最初の3週間のSMARTゴール（第2章でご紹介した私のSMARTゴールの例を見てくださいね）に基づいた私のSMARTノートです（「元気の素」と「元気にする言葉」のボックスについては、第6章で説明します）。

5年後の夢も、慣れてくればあっという間に「毎日する行動」に分解することができます。

ちなみに、ゴールを細分化するとき、私は次のように球体を小さくしていくようなイ

図9 SMARTノート（大人版）記入例

今週のSMARTノート

何のために?
ワシントンDC初のアジア現代アートギャラリーを開き、
今ある元気なアジアをアメリカ人に知ってもらう

今週のSMARTゴール：
この3週間で10回アート関係のイベントに出席し、毎回最低4人と出会い名刺交換し、人脈を広げる。アートの世界の経験を積むために美術館でのボランティアを週1日で始める。それは人脈にもつながる。そして知識を増やすために20のアート関連施設を見学し、毎日15分ワシントンポストとNYタイムズのアート欄を読んで最低20の業界人の名前を覚える。

毎日の行動計画

・美術館とギャラリーのイベントに出席
・1回のイベントで4枚の名刺交換
・水曜日は美術館ではたきかけ
・毎日1カ所アート施設の見学
・毎日15分アート欄を読む
・もらった名刺の整理
・ノートに出てきた名前を記入

Do what you love
今週の元気の素
土曜日の友人とのお茶

今週の自分をモニターする

	できた	やらなかった
月曜日	☒	☐
火曜日	☒	☐
水曜日	☒	☐
木曜日	☐	☒
金曜日	☒	☐
土曜日	☐	☒
日曜日	☒	☐

Success and Thank you
今日の成功と感謝したいこと
月　ワシントンポスト紙のアート評論家に会えた
火　スカイが一人でバレエの髪を結うようになった
水　15分で作った野菜スープが評判良かった
木　できなかった自分を責めるのではなく解決策を考えたことに◎
金　地元アーティストの素敵な作品を発見！
土　ちょっと怠けちゃったけど友人との大切な時間を優先したことは◎。私のために時間を使ってくれた彼女に感謝
日　家族で美術館。楽しかった。ありがとう

今週ダメだったこと

*できなかったことなど　**どうやったらできるようになる?
1. 木曜日は美術館に行けなかったから日曜日に2カ所行くことにする
2. 土曜日はお友達と遊びすぎてついつい新聞が読めなくなった。これからは朝一番にするようにしよう

Motivational Words
今週の自分を元気にする言葉
パワーはもらうものではなく
自分でつかみ取るもの
by
ビヨンセ

メージを描きます。

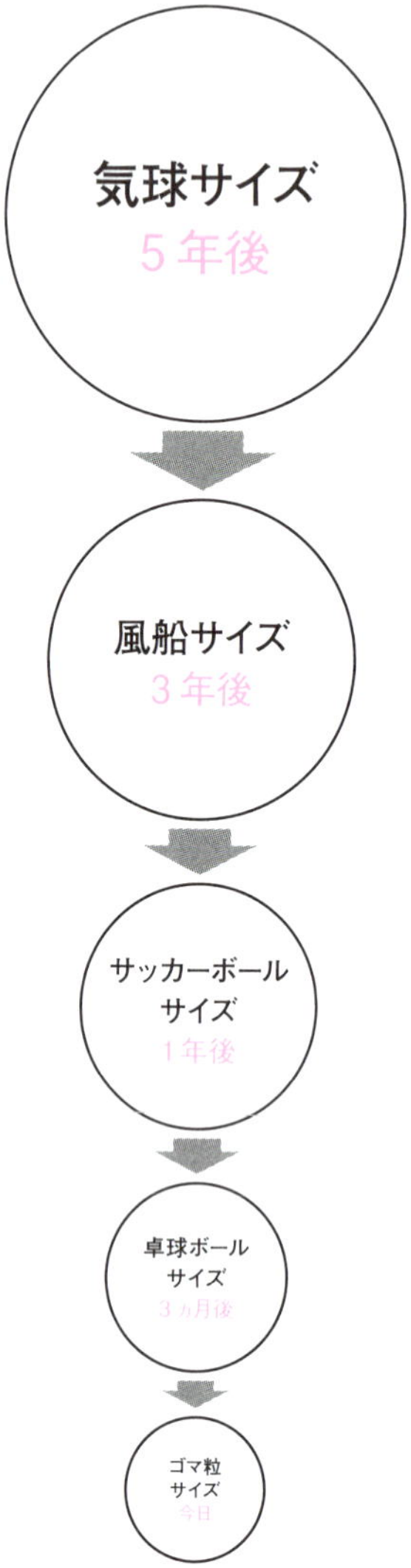

《SMARTゴール5カ年計画：重子の場合》

・5年後　SMARTゴール＝気球サイズのゴール：5年の経験、300万円の資金、200人のアート人脈でギャラリーオープン。

5年分の経験があれば一応ギャラリー運営のノウハウもわかるだろう、5年あれば2

00人の人脈ができるだろうということで大きく夢を膨《ふく》らませました。ギャラリーだけ開いてもお客さんがいなければ経営は成り立たないので、200人の人脈という具体的な数字を目標に設定したのです。

5年後の完成図を具体的にイメージできると、自分に足りないものがはっきりします。足りないものがあっても、5年もあれば自分の伸び代で十分補うことができるので、心配は無用。いつまでに何をどういう方法で揃えるかを考えればいいのです。

・3年後　**風船サイズのゴール：中国・日本の現代アートを専門にし、年3回調査に行って経験を積み、150人の人脈を作る。**

5年後という期限があり、到達したいゴールがわかっているので、3年後にやっているべきことは、そこから逆算して見えてきます。展示する作品がなければギャラリーを開くことはできないので、アーティストの人脈作りも非常に重要です。専門分野を中国と日本の現代アートにすると決めていたので、絞り込んで調査することができました。

・1年後　サッカーボールサイズのゴール：経験と資金を積むためにクライアント一人からプライベートディーラー業を開始。

3年後に到達していたいポイントが明確になると、1年後にどこまで進めておきたいかということもわかってきます。プライベートディーラーになるのに、資格はいりません。名刺を作ってプライベートディーラーだと言えばその日からなることができます。私は、ロンドンでアートについて勉強しているので、お客さんがいれば、ディーラーとして仕事ができるので、1年後の目標をこのように設定しました。

・3カ月後　卓球ボールサイズのゴール：ワシントンDCのアート業界を知るために50人の人脈を作る

単に人脈を広げるといっても漠然としていて、何をどうしたらいいのかわかりません。でも3カ月で50人の人脈を作るという具体的な数字があれば、1カ月でだいたい17人くらいの人とつながればいいという、細かい数字まで割り出すことができます。

・今日　ゴマ粒サイズのゴール

気球のように大きな夢をかなえるために、風船、サッカーボール、そして3カ月先の卓球サイズまで行動計画を小さくし、わかりやすくしてきました。3カ月先の目標であれば、より身近に具体的なものになるので、今日からでもそこへ向かって歩いていくことができるでしょう。でも、確実にたどり着きたいのであれば、卓球サイズの行動計画をさらに細分化し、ゴマ粒サイズにすることです。

私の場合は、3カ月で50人の人脈を作るという計画から逆算し、3週間でだいたい13人くらい、1週間で4〜5人という数字を出し、そこから週に2〜3回イベントに行き、そこで名刺交換するというゴマ粒サイズの計画を立てました（図4参照）。

ゴマ粒サイズの行動の第一弾は美術館でのはたきかけで、毎週1回2時間の作業をするのですが、3カ月も通うと知り合いができ、「こんな暗いところで仕事しなくていいよ」と言われ、企画室に移ることになりました。

企画室では美術館の一大イベントを控えており、その担当者がいなかったため「ちょうどいいわ、シゲコ担当して」と言われました。私は勤勉、まじめという日本人の強みを発揮し、イベントを大成功させ、そこから、美術館の婦人部のメンバーになり、ワシントンＤＣでの最初の人脈を築いたのです。

ゴマ粒も積もれば確実に山になる

３カ月後の目標だった50人の人脈は達成できませんでしたが、方法を変えてあと３回の３カ月を繰り返すことによって私の人脈は1年後には軽く１００人を超え、無事プライベートディーラー業を始めることができました。

結局子育てと主婦業の両立の大変さや、海外で勝手がわからなかったこともありギャラリーをオープンするまでに6年がかかってしまいましたが、能力や状況を鑑《かんが》みて軌道修正がフレキシブルにできる柔軟な５カ年計画があったからこそ、そのたびに修正しながらも進んでいけたのです。

それは最初の３週間という第一歩から始まりました。あとはそれを繰り返すだけ。

ステップ2：SMARTな夢を目指し毎日行動する自分をモニターする

ＳＭＡＲＴノートには、毎日の行動の隣にチェックボックスがあります。ゴールに近づく行動計画において大切なのは、実際に行動すること。そしてもう一つ大切なのが、自分の行動をモニターすることだからです。

小さな成功を見逃さない

せっかく行動しても、モニターしなければ自分の成功を確認することはできません。成功を振り返り、再体験することができません。また、その日の計画をやったのかやらなかったのかがわからなくなり、計画自体の意味が薄れていってしまいます。

毎日の行動は小さいからこそ、きちんと記録してあげないと忘れてしまいます。それではもったいない。何しろ大切なのは成功の数なのですから。

ゴマ粒サイズの今日のゴールをクリアしたということは、たとえどんなに小さなことであれ成功です。どんなに小さな成功でも、確実に自分はゴールにたどり着いているのです。それを確認しないなんて、こんなもったいないことはありません。

たった5分で終わるようなことに対し、私たちはなかなか成功だとは思いません。でも、たった5分であっても計画をちゃんと実行しているということは成功ですから、それをちゃんと書き留め、心に記憶しましょう。

唯一の失敗は「やらない」こと

小さなことを続け、それが習慣化すると、新たな習慣を持った新たな自分になります。そして、今度は新たな力をつけたところからスタートできるのです。これも伸《の》び代《しろ》の元になります。

こうして新たな習慣を更新していくと、気がついたときにははるか遠くを歩いている自分がいるのです。

チリも積もれば山となるという言葉通り、小さな成功の積み重ねが大きな成功をもたらすのです。毎日結果を出し、それが積み重なっていくわけですから、結果が出ないわけがないのです。

一方、やったときだけでなく、やらなかったときもノートに書きます。SMARTゴールでの唯一の失敗は「やらない」ことです。ですからそれを失敗から成功に転じるために、**まずはできなかった、やらなかった自分を見つめ、チェックボックスに×をつけた後、「今週ダメだったこと」欄にどうしてやらなかったのか、いつやるかを書きます。**できなかったのならできるようにすればいい。夢をかなえたいなら、できなかった自分を批判するのではなく、柔軟な心で対応すればいい。

あまりにもできない日が続いたときは、そもそも自分の行動計画に無理があるということです。そんなときは自分の能力と状況を鑑みて、軌道修正していきます。

民主型の親は子供のSMARTノートをチェックしない

民主型の親は子供に「SMARTノートを見せなさい」と言う必要はありませんが、ご自分のものを見せるのはありです。正直にやった、やらない、など自分の行動をモニターしていく親を見て、お子さんは学んでいきますから。反対にお子さんが見せてくれるときは、喜んで見せてもらいましょう。

民主型の親は対話が基本ですから、いろんな質問をしてお子さんから答えを引き出しましょう。「どうしてやらなかったのか」「やってどんな気分か」など。

わが家も娘が小学生のときはよく見せてくれたのですが、中学生以降は見たことがありません。ですが私のSMARTノートはよく見たがっていました。

ギャラリーやアートコンサルティング、それに長年の夢だった執筆活動など、私は常に3カ月計画を繰り返していて、目標が思ったよりも早く到達したり全然ダメだったりと、その軌道修正がリアルで娘には面白かったようです。

やっている本人としては四苦八苦だったり、大きな失望があったりですが、娘の第三者的な明るさは私の心を軽くしてくれました。自分で自分を笑う余裕をくれたのはそんな娘だったのでしょうね。

自分の行動計画はちょっと無理しすぎなのか、それとも簡単すぎてつまらないからやりたくないのか。そんなことを考えながら「できない」を「できる」に調整していき、確実にゴールにたどり着きます。

SMARTノートに使うのはスマホではなく、昔ながらの手書きのノートをおすすめします。もしくはこの本の巻末のサンプルページをコピーして自分なりのSMARTノートを作るのも良いでしょう。自分の手で書き、自分の字を自分の目で見ることができるからです。自分の手で書いた自分の字には「これは自分で決めたこと」だということを、思い出させてくれる力があるのです。

ステップ3：「何のために？」という目的が確実に達成に導く

SMARTノートのトップには、「何のために？」というボックスがあります。これってどうしてあるんだろう？　と思われた方もいるでしょう。

その理由をお話しします。

アメリカ人の不思議な夢の見方

アメリカ人の夢の見方は不思議だなあ、とずっと思っていました。だってその夢を見る理由に、**「何のために」という自己実現以外の目的が必ずついてくる**のですから。私は「ギャラリーのオーナーになりたいから、なる」と思っていたのですが、夢を見るとは、どうやらそれだけではないようでした。

アメリカ人である私の夫は、いつでも大きな目的付きの夢を見ます。弁護士を経て外交官となった夫は人種差別を撤廃する運動の中心メンバーで、南アフリカのアパルトヘイト撤廃に尽力しました。盗聴されたり、時には命を狙われるようなことがありながらも、「人種差別のない世界」というビジョンを持って活動を続けた夫は、ノーベル平和賞受賞者のデズモンド・ツツ大司教やネルソン・マンデラ大統領と親交を深めることとなります。

夫が南アにいたのは私が彼と出会う前でしたが、「どうして外交官になったの？　別に弁護士でよかったじゃない」と聞いたことがあります。弁護士という非常にステータスの高いエリートの仕事に就いたのだから、それでいいじゃないかと思ったのです。

ですが夫の答えは私がまったく予想しないものでした。「始めてすぐに僕は弁護士には向かないとわかったんだ。本当に興味のあったことは差別のない世界を作ることで、法律の力を使って貢献できないかと思ったんだ。だから外交官に転身して南ア行きを希望した」と。「外交官になる」という自己実現の一歩先を行く目的付きの夢の見方があると、初めて知りました。

「お金持ちになれ」「偉くなれ」という自己実現教育とは真逆の教育がグローバル教育のスタンダード

ですがこれは夫が特別なのではなく、アメリカ人には普通のことで、アメリカの学校では「自分よりも大きな何かのために」という目的意識を持つ教育をしています。そしてその概念を踏まえて夢を見ることを教えるのです。

これは娘が通った学校でもそうですし、大学でもそうです。**「一番になれ」「金持ちになれ」「偉くなれ」という自己実現教育とは真逆なのです。**自己実現の先に何があるか、社会の一員として自分に何ができるかというその枠組みで夢を見るように、アメリカの学校は子供たちを教育します。

ですからアメリカの子供たちはごく自然に、自分の夢と、その夢で何をしたいのかというビジョンを語ることができるのです。

「私は××のために××になって××したい」

のように。

ビジョン(目的意識)を持つことはとても大事なことです。**大きなビジョンが見えたときに、初めてやり甲斐や生き甲斐が生まれる。**私はそう思います。

自分一人が満足する夢もありでしょうが、成し遂げたことで自分しか得をしない夢というのは、達成してもむなしいものがあります。だって分かち合う人がいませんから。

それは美味《おい》しいケーキを焼いても自分一人で食べるようなものです。夢は多くの人と分かち合うから、そして達成したとき一緒に利益や喜びを分かち合える人がいるからこそ、意味があるのだと思います。

「どうしてバレリーナになりたいの？」——憧れを超えて

夫と娘が通った学校の影響もあり、**わが家では、娘が小さい頃から「何のために」という目的意識を持たせる質問を意識的にしてきました。**

バレエを習い始めた頃、娘が「バレリーナになりたい」と言いました。普通はそこで、「バレリーナに憧れるからバレリーナになりたいんだ」と自己実現の夢で完結するのでしょう。

でもわが家の場合は違います。「何のためにバレリーナになりたいの？」と聞くのです。「みんなに見てもらうの。キラキラしたのを見たら、みんな楽しくなると思うから」と娘自身にビジョンを確認させるのが、わが家のスタイルです。

民主型の親の質問は、「あなたは、何のためにそれがしたいの？」

娘は物心ついた頃から「何のために」という質問を繰り返しされてきたので、「何のために」を考える習慣ができています。**質問をされても「自分は××のためにこうしたい。だからそのためには××と××を頑張る」という具合に自分の夢を大きなビジョンと共に語ることができるのです。**

中学生になった娘と将来の夢について話し、娘が「政治家になりたい」と言ったときも、私は娘に「何のために政治家になりたいの？　政治家になって何をしたいの？」と質問しました。彼女は、「アメリカは女性と男性がイコールではないでしょう。だから、もっと女性が社会進出できるよう、政治家になって法制度を変えたいの」と答えました。

意外に思われるかもしれませんが、アメリカは自由の国といわれている割に、女性に対する差別が強く残っています。国をあげ「女性が輝く社会」を目指している日本のほうが、アメリカよりよほど恵まれています。

そうして大学生になった今、娘はファイナンスのわかる政治家になりたいと思っているようです。というのもファイナンスの世界には女性が少なく、女性投資家が少ないからどうしても女性経営者への支援が少ない。だからまずはそこで女性を応援し、それを経て法制度でもっと平等な社会が作れるように、政治の世界を目指したいのだそうです。

難しいことは何もありません。民主型の親がするべきことはたった一つ。

「あなたは何のためにそれがしたいの？」と質問することだけです。

「私は何のためにギャラリーを開きたいの？」

娘には「何のために？」という目的意識を持ってほしいと思う一方で、私自身はどうだったのか――。

「ギャラリーをやりたい」という夢はありましたが、「何のために」というビジョンはありませんでした。私は「ギャラリーのオーナー」という社会での自分の居場所を確保したかったのです。そして経済的に自立したいといった、いわば自己実現のための夢でした。

でも、娘に対し「何のために?」という質問を繰り返す中で、私も大きな目的を意識するようになり、「何のためにギャラリーをやりたいのか」も、次第に変わっていきました。

ワシントンDCに住む人は実にコスモポリタンで、世界のあらゆるところから、また全米から人が集まっています。ここに集まる人は教育レベルが全米一高く（ワシントンDCの公立校は全米でも最低レベルだというのに!）、世界中を旅行している人もたくさんいます。

日本や他のアジアの国々は、その旅行の目的地の中でも非常に人気が高いのです。だからワシントンＤＣのお宅にお邪魔すると、かなりの確率でアジアのアートを目にすることになります。それはそれで嬉しいのですが、問題はそのアートがお土産屋で買ったようなものや古いだけのものなので、私には「死んだアート」に思えたことでした。

そこには今に息づく躍動するアジアの姿はありませんでした。「過去のアジア」がそこにはあったのです。視察のためアジアに何度も足を運ぶ中で、私は日々変わっていくエネルギッシュなアジアを目の当たりにしていましたから、そのギャップにとても悲しい思いがしました。

こうして、アメリカでは知られていないアジアの「今に息づくエネルギーと美しさを、アートを通して知ってもらう」ことが、私の目的になったのです。

娘と交わす言葉によって、自己実現や夢をかなえて満足するという自分のためだけではない、「何のために」という目的が芽生え、膨らんでいったのです。

美術館の片隅ではたきをかけながら「私は何のためにこれをやっているのかな」と自

問したとき、それが単に「ギャラリーを開くため」「自己実現のため」だったら、はたきかけをすることがむなしく感じられることもあるでしょう。おそらく美術館に通うことをやめていたと思います。自己実現が目的なら、はたきかけをしなくても達成できる別の夢に乗り換えてもいいのですから。

けれど「アジアのエネルギーと美しさを伝えるため」という大きな目的があれば、そこにたどり着くための一歩であるはたきかけすら意味のあることに変わるのです。

SMARTゴール達成の要《かなめ》は「何のために」

「何のために?」は、SMARTノートの一番上のスペースに書き込みます。ここは親子の対話にとても役に立つ場所です。**お子さんがくじけそうなとき、「何のために」をさりげなく思い出させてあげると、とても効果的です。**

お夕飯の時間にでも「今のSMARTゴール」をご家族で話し合ってみてはいかがでしょう?

わが家では、私が自分のＳＭＡＲＴノートを公開することで話の口火《くちび》を切っていました。

特に思春期になると、子供はこの手の話を真面目にはしたがりません。だからこそ、そんなときは親の話が役立つのです。だけどここでも、自分でやっていない親は役に立ちませんし、子供に命令して終わりです。すると子供はやらずじまい。

なので、自分に対しても民主型の親であることが大切なのです。

心の筋トレは続ければ必ず力になる

何事かをなそうとしたら、今の自分を変えていかなくてはなりません。それは新たな習慣を取り入れるということです。親も、子供も一緒です。

やって失敗したら、失敗から学べばいい

娘は高校2年生の終わりに生徒会長に立候補しました。はっきり言って親から見ても負けるのはわかっていました。なぜなら娘はバレエスクールに通っていて、校内ではスポーツをやっていなかったからです。

高校の選挙も一般の選挙と同じように人脈が命。当選するのは知り合いが多く、票を集められる人なのです。

学校の部活動で何かスポーツをやっていれば、後輩もでき、校内での人脈が広がります。でも、娘は学校が終わるとすぐにバレエのレッスンに行っていたので、学校の中での繋《つな》がりが薄かったのです。

彼女はスピーチがとても上手ですが、どんなにスピーチが上手《うま》くても人脈がなければ、選挙は勝てません。

私も夫もどれだけ人脈が大事かがわかるので、娘に勝ち目がないことは立候補する前

からわかっていたのです。

そのことも一つの考慮すべき情報として論理的に娘に話した上で、「やりたいと思うんだよね」と確認すると、娘は「うん」と頷きました。「でも負けたら嫌だなって思っているんでしょう?」と言うと、それにも「うん」と頷きました。

やるからには勝ちたいと思うのが人情です。誰も負けたいとは思いません。

でも娘は政治に興味があり、学校生活の問題点や課題点を改善・解決する組織、生徒会の活動を経験したいと思っていたのです。

そこで私は**「じゃあ、やらなかったらあなたはどう思う?」**と聞きました。「やって失敗したらどう思う?」ではなく「やらなかったらどう思う?」と。

娘は、失敗する恐怖とやらなかった場合の後悔とを、慎重に秤《はかり》にかけるようにしばらく考えていました。

そして、最終的に「負けてもいい。負けたとしても、やらなかったら後悔すると思う。負けてもエゴが傷つくくらいだからいい」ときっぱり言ったのです。

私も夫も娘が出るなら応援しようということで、できるかぎりのことをしました。けれど予想していたように、当選したのは学校でスポーツ部に所属し後輩がたくさんいる子でした。娘は、人脈がいかに重要かを肌で感じたようでした。

現在、娘は昨年入学したコロンビア大学で、生徒会の副会長をやっています。政治への関心から、彼女は生徒会の仕事をどうしてもやりたかったのでしょう。選挙があるのは、入学してからわずか1カ月後。娘は高校時代の経験を生かし、「今度は、何とか人脈を広げて頑張る」と一生懸命選挙活動をしていました。

娘のいた高校からコロンビア大学に進学する人はあまりいません。高校の先輩が少ないので、投票してくれる人も必然的に少なくなります。でも娘は、アメリカの大統領と副大統領のように、生徒会長に立候補する人とタッグを組み、選挙に臨んだのです。「やらなかったら後悔する」「失敗したら学べばいい」と考えることで、娘は心をポジティブに保ち、大きな結果を導き出したのです。

民主型の親は、服従型の親や寛容型の親とはまったく違った形で子供を守ります。そ

れは失敗する子供が立ち上がるのをしっかりと見届けること。

失敗することが許せない服従型の親は、まずそのような状況では子供が立候補するのをやめさせるでしょう。また立候補した場合は「何が何でも勝て！」と脅迫めいたプレッシャーをかけるのです。

寛容型は「負けてもいいよ」と、負けることが前提で子供の心を最初から負けることに対して守ろうとします。これでは最初からやる気が萎《な》えます。

民主型で育つ子供は、SMARTゴールで立候補から選挙の日までの行動計画とそれぞれの日の目標を立て、実行していきます。

娘は高校2年のときの生徒会会長選に落選しましたが、後にこの経験と教訓を生かし、自分の到達できる最適最大のゴールを軌道修正し、ボランティア部の部長選に勝つことができました。

覚えていますか？　**民主型の親が子供に求める高水準というのは、子供の能力や状況に応じて軌道修正が可能な、その時点のその子にとってのベストな高水準です。**こうしたことを繰り返していくと、子供は自分に失望することなく、そのときの状況を冷静に判断して、自らに求める水準を軌道修正することができるようになります。

「ダメだからもっと低くする」という失望や、諦めによる軌道修正ではなく、「今の自分にはこれが最適最大」という、論理的に納得した結論を出すことも、大切な主体性です。

こうした挑戦を繰り返しているうちに、いつか目指す水準も上がっていくのです。

ダンボが空を飛べたのは、自分を信じたから

ディズニー映画でおなじみの「空飛ぶダンボ」。

サーカス団の笑い者だった大きな耳の象、ダンボは、あるとき、カラスから「空が飛べるようになる魔法の羽」をもらいます。ダンボはその羽の力を信じて空を飛び、サーカス団のスターになり、引き離されて

いた母親との再会を果たします。

ダンボが空を飛べたのは、「魔法の羽」の力ではありません。ダンボが空を飛ぶことができたのは、「自分は飛べる」と信じたからです。

夢に向かって羽ばたくためには、何よりも自分を信じることが大切です。大きな夢を描いたら、「自分は必ず実現できる」と強く信じましょう。まず親から始めましょう。この姿勢は子供に伝わります。

自分の能力をＳＭＡＲＴに最適最大に引き出すことを念頭に作られたＳＭＡＲＴゴールだから、「できる」と信じることを可能にしてくれます。

先ほども述べましたが、新たな習慣を身につけるには最低３週間かかります。加えて、新たな習慣が自分の中に取り込まれ、意識しなくても自然にできるようになるには３カ月かかるといわれています。

続けるから力になる

筋トレも、トレーニングを始めたからといって、すぐに筋肉がつくわけではありませんよね。地道にトレーニングを続けた結果、２、３カ月後に筋肉がつき体に変化が見られるのです。

心も筋肉と一緒です。新しい習慣という、それまでなかった心の筋肉をつけるわけですから、時間がかかるのです。今日思い立ち、今日やったからといって、自分の習慣になるわけではありません。

最初は意識してやらなければいけません。でも３週間くらい強制的にやっているとだんだん慣れてきて、３カ月くらい経つと、無理強《じ》いしなくてもできるようになっています。

自分で決めて、自分で行動し、自分で自分をゴールに連れて行く。

人の力を借りるのでもなく、人任せ運任せにするのでなく、自力でやるからこそ、必ず到達することができるのです。

毎日行動する、自分の行動をモニターする、「何のために」を見つめ続ける。この3ステップが自分で決めた自分にとって最適最大のSMARTゴールを成功に導く鍵です。

この3ステップを実践し、3週間前の、3カ月前の、1年前の、5年前のSMARTノートを振り返ってみたとき、初めて、自分がいかに遠いところまで、いかに高いところまできたのかを実感できるのです。

自分を厳しく律し、高水準を求め、能力と状況を鑑みてフレキシブルに対応していく。そんな自分がそこにいます。そんな態度で子供に接する自分がいます。そんな態度で物事に取り組む子供がいます。

幸せに自分らしく生きる自分と、お子さんに出会えるのです。

第3章のポイント

1. SMARTゴールは、日々のSMARTノートで実践します。

2. 気球のように大きな夢も、小さなゴマ粒くらいの行動に細分化して、行動できたかどうかをチェックします。

3. アメリカの学校では、自己実現の先にある「何のために」(ビジョン)を大事にします。

4. 子供がくじけそうになったときは、さりげなく「何のために?」を思い出させてあげるといいですね。

第4章

誰でも「民主型」の親になれるツールとの出会い

2つの問いかけから始まった、最強の子育て探し

「やりなさい!」忙しい毎日では、服従型と寛容型の親に陥《おちい》りがちです。

ここまでSMARTゴールの設定と、それを実践するためのSMARTノートのお話をしてきました。

第1章でお話しした通り、私はこのツールに出会っていなければ、民主型の親であることを徹底するのは難しく、どんなに良い教育法であっても、うまく活用することはできなかったでしょう。

私には、服従型や寛容型の親から民主型の親になるメンタルチェンジが必要。

でも、頭ではわかっていても、行動に移すのは難しい。忙しい毎日では、「やりなさい！」「やってあげる」という言葉が、思わず口をついてしまうこともありました。

ところが、このＳＭＡＲＴゴールというツールに出会うことで、メンタルチェンジは容易になり、私の新しい習慣となったのです。

私がこのＳＭＡＲＴゴールというツールに出会ったのはまったくの偶然、セレンディピティーでした。

このツールと出会うまでに、私はたくさん悩みました。皆さんが私のようにたくさんの時間を無駄にすることのないように、まず私とこのツールとの出会いについてお話ししたいと思います。少しお付き合いくださいね。

【本章で伝えたいこと】

1. 精神力だけで、民主型の親になろうとしても無理
2. ＳＭＡＲＴゴールが現実的な理由
3. 民主型の親になることを手助けしてくれる最強のツールは、ＳＭＡＲＴゴール

私の人生を変えた一つ目の質問

さて、私と子供の人生を支えてくれるＳＭＡＲＴゴールとの出会いを、少しさかのぼったところからお話しさせてください。それは２つの質問から始まりました。

私は18歳まで福島で両親と弟と暮らし、大学進学とともに上京しました。その後、「大人」として生きてきたわけですが、親元を離れ独り立ちした後は、「成長」することはなかったように思います。

毎朝起きて、ご飯を食べて、電車に乗り、会社に行き、お昼のお弁当を食べ、午後も働き、残業をちょっとして電車に乗ってアパートに帰り、ご飯を食べて寝る。そして朝が来れば、前の日と同じことを繰り返す。

そこには夢も発展も目的もなく、ただ自動的な毎日がありました。自分が求めていたことは別にあったけど、高のぞみしたところでどうせかなうわけがないし、ありふれた毎日が自分の分相応《ぶんそうおう》のように思っていました。それに、そんなレールに乗った毎日は厳しさもなくて「楽」だったのです。

世の中には「分相応」というレールがある。私の場合は、30歳くらいまでに結婚をし、子供を産み、子育てをし、夫を支え、家庭を守る。それが〝自分の分〟であり、〝歩むべき〟人生だと思っていました。だから大学を卒業後、外資系企業に勤め20代後半でアメリカ人と付き合い、いずれその彼と結婚するつもりでいました。

ところが、そうはいかなかったのです。

「君は人生をどう生きたいのか？」——彼からの問いかけ

30歳一歩手前のある日、彼が神妙な面持《おもも》ちで「ねえ、シゲコ」と話しかけてきました。「これはもしかしてプロポーズされるのでは？」とかなりの期待を抱いたのですが、彼の口から出てきたのは「君は結婚したら自分の人生をいったいどう生きたいのか？」という質問でした。

予想外の質問に虚《きょ》をつかれたものの、私は自分が思う「分相応」に従い、「夫を支え、子供を産んで、子供を育てて一緒に歳をとっていきたい」と答えました。

すると返ってきたのは、天地のひっくり返るような「僕はそれだけの人はいらない」という一言だったのです。

プロポーズどころか、私と彼の2年間の付き合いは、そこで突然、何の予告もなしに幕を下ろしてしまったのです。

分相応にしていれば安全だ、間違いない。そう信じていたのに、分相応な未来を語ったら、「それだけの人はいらない」と切り捨てられてしまった……。

驚くなんてものじゃありません。

わが身に降りかかった理不尽な出来事に、私は嘆《なげ》くことしかできませんでした。納得することができず、彼のことをうらめしく思ったりもしました。

けれど、嘆きは次第に「私は本当にそれだけの人なの？」という自問に変わりました。そして、その自問によって、心の奥底に眠っていた「私はそれだけの人じゃないはずだ」という気持ちが呼び覚まされ、ムクムクと膨《ふく》らんできたのです。

「君は人生をどう生きたいのか？」

このたった一つの質問をきっかけに、私は一念発起で勤務していた会社を辞め、心に秘めていたイギリス留学を決めたのでした。

「分相応」がはっきりしているイギリス、何でもアリなアメリカ

イギリスに留学したのは、実務系のアート（美術研究家ではなくて、美術館などのアートの現場で活躍するための勉強）を学ぶため、そして、「分相応」という敷かれたレールから解放されて「それだけではない自分」になるためでした。

ところが、留学先のイギリスは日本ととてもよく似た「分相応」の社会だったのです。いえ、日本よりももっと「分相応」が明確に見える社会といってもいいでしょう。

イギリスでは、古くからの階級制度が未だに存在していて、こういう家の子は絶対にこれより上には行けないという「分相応」の意識が、社会全体で根強く共有されています。

イギリスではそれが当たり前のことになっているので、誰も不思議に思わないし、そうした階級制度や階級ごとのレールがあることで、世の中がうまく回っているようなところすらあるのです。

今より上に行くことがないかわりに、今よりも下に行くこともない。ソーシャルモビリティー（個人の社会的地位の移動のこと。階層的地位間における人員配分の流動性）のない社会は「分相応」の枠組みに入っていれば、穏やかに暮らすことができます。

このように「分相応」がはっきりしているイギリスの生活に、私はすんなり馴染《なじ》むことができました。生まれや学歴だけで決められてしまう「分相応」を振り払うべく思い切って留学したのに、またしても「分相応」の社会にどっぷり浸《つ》かることになったのです。

ちなみに、私はサザビーズという世界中のお金持ちの子女が集まる学校に行ったのですが、その学校でのボランティアで私に与えられたのは、革でできたブタの置物磨きでした。クラスメートで大富豪のお嬢さんは、イブニングドレスに身を包み有名人とのパーティーに出席するというボランティアだったのに。今では笑い話ですが、当時はドヨーンと落ち込んだものです。

そして、ロンドン留学中にフランス語のブラッシュアップに行った南仏で、アメリカ人の夫と出会い、学位を修得後に結婚をし、夫の住むワシントンDCでの生活が始まります。

海外での生活はすでに経験済みでしたし、何よりも愛する夫がいるということで、ワシントンDCに住むことに特に戸惑いはありませんでした。

ところが、ワシントンDCに実際に住んでみて、私はとてつもないカルチャーショックを受けたのです。「何なの？　この街は！」と裏切られたような気持ちにさえなりました。

というのも、ワシントンDCでは「分相応」という概念が一切なく、誰もがみな好き勝手に生きているからです。「自分はこういう家の出で、こういう経歴だから、こういうことをやってはいけない」と思う人など一人もいないのです。

夫の友人にしてもバックグラウンドがさまざまで、成功している人でもエリートの大学出身ではなかったり、裕福でない家庭で育った人が起業して成功していたり、エリートの大学を出ていても、ステイタスの高い仕事に固執していなかったりと、自分の思うように生きている人ばかりです。

キャリアに対する考え方も柔軟で、その時々の自分の気持ちや状況に合わせて、平気でどんどん変えていきます。私の夫にしても、弁護士になったものの自分には向いていないと気づき、外交官に転身しています。

私は、こうした心の自由さと何でもありな社会に生まれて初めて触れて、最初は驚き、戸惑うことしかできませんでした。

ソーシャルモビリティーが普通の社会で「分相応」に囚《とら》われず、まさに自分の人生を自在にデザインして生きるワシントンＤＣの人々。自由に生きている姿はうらやましくもあり、恐ろしくもありました。自由なだけに、自分で責任を負わなければならないし、安全も保証も自分でつくらなければならない。自分から始めなければ何も始まらない国だからです。

「I think I can!」と言って遊ぶ子供たちに衝撃

そんな国で私の子育ては始まりました。仕事をするでもなく、「私の人生って何だろう」と悶々《もんもん》とする中での子育てでしたが、娘が2歳になったある日、娘を連れてご近所のお母さんたちで作っているプレイグループに参加し、そこで大きな衝撃を受けます。

「自分にはできる」を選ぶ子供たち

プレイグループというのは、0歳から3歳くらいまでの、幼稚園に上がる前の同年齢の子供が集まって、遊びながら社会生活を学ぶ場所です。そのプレイグループで、あるとき子供たちがみんなで繋《つな》がって、電車遊びを始めました。そのときに発した子供たちの掛け声を私は今でも忘れることができません。

「I think I can!」「I think I can!」

まだ足取りがおぼつかない子供たちが繋がって、みんなで「私はできる」「私はできる」と言いながら、くるくる回っているのです。その様子を見て、私はまさに雷に打たれたような思いがしました。「自分でやる力」「自分を信じる力」を、この国ではこんなに小さいときから、ごく自然に育んでいるのです。

子供たちは「I think I can!」と言いながら、電車遊びだけでなく、いろいろな遊びに果敢にチャレンジしていきます。その姿はなんとも頼もしく、まぶしいほど希望に溢れています。

お母さんたちは、子供たちの「I think I can!」の掛け声に「Yes, You can!」と合いの手を入れます。わが子が「I think I can!」と言って頑張る姿を見て、「No!」と言う親などどこにもいません。

私も娘が「I think I can!」と言えば、「Yes!」と全力で応援していたのです。

「自分にはできる」と自分自身を応援できている？

そんなとき、私はふっと、私自身はどうなんだろうと疑問を抱いたのです。娘に対しては、「自分を信じ、自分のやりたいことをやれる子」に育って欲しいと心から望んで、「Yes!」と応援しています。でも、私は自身で「I think I can!」なんて言えないし、仮に言えたとしても「Yes!」なんて応援できない。

そう、当時の私はとても「I think I can!」と言えない状態で、そもそも「自分は絶対にできる」なんて思ったことさえありません。というか、私は何に対しても「私には無理」から始めていたのですから。

娘に対しては「どんなときも強い心で自分の人生を切り拓いて欲しい」と望むことができるのに、自分のことになると、まったくそういうふうには思えなかったのです。

「ベストな子育て」探しに私を駆り立てた2つ目の問いかけ

いつか誰かが私に「運」を運んできて、ドラマチックに私の人生を変えてくれる。私の夢をかなえてくれ、私が望んでいた人生を生きることを可能にしてくれる。誰かがやってくれるのを待っている、指示待ちそのままの態度で――。そう、私はまるで、服従型、寛容型の親に育てられた子供を絵に描いたような人間でした。そんな私が服従型、寛容型の親になるのは至極当然のことだったのです。

「自分の人生にプライドも責任も持てない親の下《もと》で育つ子供は、どう育つのだろう？」

娘には、自分ができなかったことを全部させたい。自分がかなえられなかった夢を、かなえて欲しい。一番になって欲しい、と思いました。

娘の成功は私の成功であり、娘の失敗は私の失敗。娘を成功させる、そうすれば私も成功できる、と私は娘の人生を通して私の人生を生き直し始めたのです。

私の心を占めていたのは子育て。それ以外何もありませんでした。そんなときに聞こえてきたのが「I think I can!」だったのです。

子供は親の背中を見て育ちます。娘は、人生の最初の2年間、「私には無理」という親の背中を見ていたのです。そのとき、私は自分自身に問いかけていました。「自分の人生にプライドも責任も持てない親の下で育つ子供は、どう育つのだろう？」と。

「私のようにはなって欲しくないと思っても、こんな私に育てられる娘はきっと私のように育ってしまう」。そう気づいた瞬間から、私の「ベストな子育て探し」が始まるのです。

「やりなさい」と言わないでいることの難しさ

その日から私は世界中からトップの研究機関の集まるワシントンDCという地の利を最大限利用して、ありとあらゆるリサーチに触れ、講演やセミナーに参加します。そこから娘に最適と思われる幼稚園を見つけ出し、そこで実践する教育法で育つ娘からいろんなことを学んでいく過程で、第1章でお話しした「Baumrind's Parental Typology」という研究に出会います。そして、私がベストな親の態度を身につければ、学んだ教育法を最大に活用することができることにも気づくのです。言い換えれば、**ベストな親の態度を身につけなければ、学んだ教育法も効果を発揮しない**ということなのですが。

バウムリンドがいうベストなタイプの親は、命令するのではなく、子供の主体性を認めた適度な管理者です。**親の仕事は、子供自らがやる気を出し、子供自らが主体性を発揮して計画・行動し、高い水準でやり遂げるように管理することです。**

だけどこの〝ベストな親のタイプ〟になることは、私にとってとてもハードルが高かったのです。なぜなら、「こうしなさい」という命令環境で育った私は、多くの「べき」で心を覆い、「私には無理」という限界を自分で作っていたからです。「べき」という限界に縛られていたために、子供の意見に耳を傾けることが難しかったのです。

最初の一年はまさに失敗続きでした。

頭ではわかっていても、実際やるとなると違う、そんな感じでしょうか。何しろ経験がないのですから。

日本型の一方通行の命令スタイルに慣れていた私には、**娘と対話すること、そして意見が対立したときに娘の意見や気持ちを尊重すること、「やりなさい」と言わないでいることがとても難しかったのです。それに面倒、効率が悪い、とも思っていました。**

自由・可能性・想像力・選択肢よりも敷かれたレールの上を効率よく外れないように歩く訓練をされた私には、助けが必要でした。

そしてその助けは思いもかけないところからやってきたのです。

起業系セミナーで出会った意外なツール、SMARTゴール

強い思いはあるのに、思うような親になれないともがいていた私は、ある起業家向けのセミナーに参加します。子育てとはまったく関係ないけれど、私自身「いつかはアートでキャリアを積みたい」と、夢を抱いていたからです。確か半日の講義に1万円ほど払った記憶があるのですが、今ではそれが100万円でも安かったと思うほどです。

どうやって資金を集め、人脈を広げ、経験を積み、目標を達成させるか、というごく

一般的なビジネスセミナーでした。

ですがそこで紹介していたあるツールは、自分からやる主体性、自ら計画を立て実行し結果を出すスキル、人との対話を通して自分の意見を的確に表現する能力と自信、自分で論理的に考える力を身につけ、結果を出すまで厳しく自分を律し、やり遂げる気力をも育てるものだったのです。これが**SMARTゴール**です。

しかも**ビジネスツールですから、非常に現実的です。**

運任せの他力本願ではなく自力で到達可能であることが前提で、ゴールを目指す理由がはっきりしています。そして必ず数字で結果が出てきます。またそのゴールも、理想ではなく、自分で達成できる限りの最高の水準を求めます。まるで**民主型の親**を絵に描いたようなツール！

ビジネスツールでしたが、私は思わず「これだ！」と思いました。SMARTゴールを使えば「民主型」の親になれる。だから、**このSMARTゴールを子育てに使えばいいと、ひらめいたのです。**

子育てに使えばいい！　民主型の親になれるツール

ＳＭＡＲＴゴールは自分が到達できる限りの高い水準を設定し、そこにたどり着くためにどうすればいいかを考え、行動計画を立て、実践し、検証しながら目標を確実に達成するためのツールです。

これを子育てに使えば、娘は自分からやる力を鍛えることができます。そして私は「やりなさい」を言わずに、やったかやらないか娘の行動を適度に管理する厳しさと温かみのバランスのとれた民主型の親になれる。子供は主体性を発揮して、小さな成功を積み重ね自信のある子に育つ。

ＳＭＡＲＴゴールはまさに魔法のツールに思えたのです。

後で知ったことですが、ＳＭＡＲＴゴールはビジネスの世界でごく一般的に使われるだけではなく、アメリカで今2番目の成長産業といわれる**ライフコーチングの世界で**

も、キャリア設計や夢の実現などに日常的に活用されるツールだったのです。「自分を変えたい」「夢をかなえたい」と思う人のほとんどが、この方法を採用しているということです。

一般的に使われているのは結果が出るからこそ。そんな優れたツールを子育てに使わないなんてもったいない！

どうして今まで、ＳＭＡＲＴゴールを子育てのツールとして使うことを誰も考えなかったのだろう？

私はそんな気持ちから、子育てにＳＭＡＲＴゴールの活用を始めました。

SMARTゴールは親も子供も育てるツール

私は娘のベストなロールモデルになりたかった。

民主型の親であるためには、まず自分が自分に対して民主型の親であることが必要です。自分にできないことを、他人に求めれば無理が生じます。だから自分もSMARTゴールを使うことを考えました。私自身も、自分からやる力をつけ、実際に行動し、やりたいことや、やらないといけないことを着実にこなして、キャリアを作っていこうと思ったのです。

私は自分用の大人版SMARTゴールを作り、それを娘の前でやって見せてから、自分で作った子供用のSMARTゴールを娘に与えました。日々の実践のためのSMARTノートを作って、小さな成功を積み重ねていきました。

娘が幼稚園から受けた教育法とともに、このSMARTゴールとSMARTノートを小学校から始めたことで、娘は「全米最優秀女子高生」に選ばれることになったのだと、私は思っています。

実践して訪れた大きな変化

手本を見せるためにＳＭＡＲＴゴールを実践した私にも、人生の大きな変化が現われました。

思いを行動に変え結果を出すこのツールなしには、ベストな親の生きる姿勢も、子供に対する姿勢も、自分の生きる姿勢も私には身につけることはできなかったと思います。

「娘には私のようにはなって欲しくない」という思いから子育て法を探したのですが、このベストな子育て法とＳＭＡＲＴゴールというツールは、私をも育ててくれることとなったのです。

私はこのツールを自分に使い続け、多くの人から「絶対に無理」と言われたアジア現代アート専門のギャラリーを開き、米副大統領夫人や美術館のＶＩＰコレクターを顧客とするアメリカトップのギャラリーの仲間入りを果たします。

その後、アートを通した社会貢献が評価され、オバマ前大統領（当時上院議員）やワシントンポスト紙の副社長らと一緒に「ワシントンの美しい25人」に選ばれることになります。その後も着実にキャリアを積み、ワークライフバランスを考え、キャリアを変えながら、自分らしい生き方を生きています。

それもすべてはこのツールがあったからです。

第4章のポイント

1. 子供が自らがやる気を出し、主体性を発揮して計画・行動し、高い水準でやり遂げるように管理することが、ベストな親の条件です。

2. SMARTゴールは、ビジネスの現場で使われている目標達成ツール。自分で計画・行動し、高い水準でやり遂げられるよう、数値で測って自らを管理するためのツールです（民主型の親そのもの！）。

第５章

親の「心のブレーキ」は子供に感染する

SMARTゴールを邪魔する10のこと

SMARTゴールは魔法のツールですが、正しく使わなければ結果は出ません。

「××すべき」「自分にできるわけがない」「失敗したらどうしよう」……。誰にでもある「心のブレーキ」。SMARTゴールという最適最良のツールに出会ったとき、私が真っ先にしたのが、私自身の心のブレーキの原因となる「呪縛退治」でした。

例えばオリンピック出場の夢に敗れたスキー選手に、スキーの苦手な子供が生まれました。服従型の親なら、スピードが苦手で滑るのが怖い子供に「オリンピック」の夢を押し付け、「17歳でメダルを取る」というゴールを設定し、特訓に特訓を重ねるでしょう。

でもその子供は人生の成功を手にできません。なぜならその子に最適な目標ではないからです。自由に見た夢ではなく、親から押し付けられた夢では、やる気力も湧いてこないからです。

その子供は、実は絵を描くのが大好きで努力を惜しまず、かつ才能に恵まれていたとします。民主型の親なら、スキーやオリンピックにこだわらず、子供との対話でその子の才能や情熱を見つけつつ、子供が立てた「毎日一枚絵を描いて、夏に北海道に写生旅行に行く」という目標を全力でサポートするでしょう。そしてきっと夢をかなえるでしょう。そしてそこからまた人生が広がっていくでしょう。

一方で、無関心な親や服従型の親の場合は、子供に絵の情熱や才能があることを認めようとしません。その才能に、気づきもしないかもしれません。

こうした親の下《もと》で育つ子供が思う存分絵の才能を発揮するのは、難しいのではないでしょうか。なぜならその子供は、自由に夢を見ることができないからです。自分に最適なゴールを夢見ることができないからです。何という人生の無駄遣いでしょう。

オリンピック出場の夢に破れた元スキー選手の親が、スキーの才能ゼロで「絵を描くのが大好き」というお子さんにまっさらな心で向き合い、まっさらな心でSMARTゴールを実践する。そのために欠かせないのが、親の心に潜《ひそ》む「心のブレーキ」をやっつけることではないか、と思い至ったのです。

親の心に潜む心のブレーキは、「子供はこうあってほしい」という親の思い込み以外にもあります。

親の心に潜む劣等感、優越感、偏見、思い込み、敷かれたレールは、子供に確実に伝染し、「心のブレーキ」となって子供の心に必要のない限界を植え付けます。そして、子供が自由に発想し、自由に夢を見ることを邪魔し、子供が自分の能力を最大に引き出すことを阻《はば》み、子供が自分にとって最適なゴールを設定することを妨げます。最適なゴールに向かって進む気力を奪《うば》ってしまいます。

誰の心にも、ブレーキとなる「呪縛」が潜んでいます。子供の心に不必要な限界を作るのは、親の心に巣食う限界なのです。娘にはまっさらな心で自分の人生を築いて欲しい。だからこそ、なんとしても私の心に潜んでいた「心のブレーキ」を取り外そうと思い立ったのです。

【本章で伝えたいこと】

1. 民主型の親になるためには、親の「心のブレーキ」となる「呪縛」を外す必要がある
2. 親の心に潜む「心のブレーキ」は子に感染して、子供の「心のブレーキ」になってしまう
3. 私が考える心の呪縛は10個

魔法のツールを正しく使うために

子供に、劣等感、優越感、偏見、思い込み、敷かれたレールを持たせないためには、まず親が、自分の心を縛り付け自分にブレーキをかけてしまう「心の呪縛」から自分を解放し、まっさらな心になる必要があります。

心にブレーキをかけてしまう「呪縛」は、誰の心にも住んでいるのではないでしょうか。しかもそれは、「呪縛」だと気づきにくい厄介な存在でもあるのだと思います。そういった呪縛に対処する方法を身につけ、まっさらな心で自分と対話する。まっさらな心で自分と向き合う。民主型の親への第一は、自分育ての第一歩。

この準備体操なくして、この魔法のツールを正しく使うことはできない。私はそう気づき、心の呪縛退治を始めることにしたのです。

「いつかギャラリーを開きたいとずっと言っているボークさん」と紹介されて

キャベツは、何枚、何十枚もの葉が重なり玉のような形になっています。

表側の葉は濃い緑で分厚く硬いけれど、芯に近づくにつれ葉は白くやわらかくなっていきます。生まれたてのキャベツは白く柔らかなのに、成長していく過程で多くの葉で覆われていき、最終的に緑色のガッチリしたキャベツになるのです。

私の心も、「ブレーキ」という硬い葉で覆われたキャベツのようでした。

芯の部分にはやわらかくまっさらな気持ちがあり、「やりたいことを素直にやろう」「自分にはいろいろな可能性がある」と希望とエネルギーに溢れているのに、「分《ぶん》不《ふ》相応《そうおう》なことはしてはいけない」「失敗したら恥ずかしい」「自分には無理だ」といった思い込みが葉っぱのように重なり、芯の部分を覆い隠していたのです。

ですがそんな私も自分からやらなければ何も始まらない国の洗礼を受けて、娘が3歳になる頃には、「ギャラリーを開きたい」という自分の夢を人前で話せるくらいにまではなっていました。話せるようになっただけとはいえ、「ブレーキ」という硬い葉っぱでがっちり固められていた私にとってはそれでも大進歩だったのです。けれど、次の一歩を踏み出すことは、まだできないままでした。それほど心を縛る呪縛のブレーキ力は強烈なのです。

そして、なかなか（実は数年も！）次の一歩を踏み出すことができずにいたため、いつしか私は「いつかギャラリーを開きたいとずっと言っているボークさん」と紹介されるようになっていました。そしてそこからが私の心を縛る「ブレーキ」との本当の戦いだったのです。

ベストな親になるために、「心のブレーキ」を外す

民主型な親への準備（1）「成功＝出る杭」という「心のブレーキ」を外す

「いつかギャラリーを開きたいとずっと言っているボークさん」と呼ばれている頃、夫がこんなことを言いました。

「シゲコはギャラリーをやる、やるって言っているのに何でできないのか。それはシゲコが成功するのを怖がっているからじゃないの？」

夫の言葉は、私の心に深く突き刺さりました。

そうです。**失敗することを恐れていましたが、同時に私は成功することも恐れていた**

のです。

「成功を恐れるってどういうこと？」「成功を目指しているんだし、成功するなら万々歳じゃない」と言われそうですが、成功すれば「出る杭」になります。そして成功すれば、責任も出てきます。

「出る杭」になって叩かれることの恐怖や責任が増えることの重みに、果たして耐えることができるのか。そんな不安もあって、私は「いつかギャラリーをやりたいとずっと言っているボークさん」と呼ばれることに甘んじていたのかもしれません。

成功する恐怖は失敗する恐怖と同様、チャレンジする気持ちをしぼませ、行動にブレーキをかけます。成功する恐怖が、夢と行動を足踏み状態にさせてしまうのです。

でも、冷静に考えてみれば「出る杭」になったとしても、責任が増えたとしても、極論かもしれませんが別に死ぬわけではありません。誰かに迷惑をかけるわけでもありません。

今の自分にはその責任を負うことができなかったとしても、成功するまでの間に経験を積んでいけば、きっと成功した責任を負えるように成長しているでしょう。
少しずつ成長していけばいいんだ。ちょっとくらい叩かれてみればいい。
そう思えたら、成功の恐怖も少しずつ薄らいでいきました。

民主型な親への準備(2)
「失敗=やり直しがきかない」という「心のブレーキ」を外す

ですが、失敗する恐怖はどうすればいいのでしょう。「失敗しない」ことが大切だったカルチャーから来た私には、これも大きな「心のブレーキ」でした。自分の気持ちに「どうせ失敗するから、危ないからやめなさい。失敗したら恥ずかしいからやめなさい」とブレーキをかける心の癖は、気づいたからといってすぐに変えられるものではありません。何枚もの葉を剝《は》がしていって、ようやくキャベツの芯にたどりつくのと同じように、それなりに時間がかかるものです。

私の場合は、葉っぱを剝がす作業が、たまたま娘の成長とシンクロしていました。ですから、娘が失敗する恐怖と羞恥で人生を無駄にしないように、娘の柔軟な心が硬い葉っぱで覆われないように気をつけました。そして娘を見守るような優しく大らかな気持ちで自分と向き合い、自分を見つめ直していきました。

たとえば、先ほども例に出しましたが、歩き始めたばかりの子供はよく転びます。娘がバランスを崩して転びそうになると、怪我《けが》をするんじゃないかと内心ハラハラしました。でも、私はなるべく「危ない！」と言わないようにしました。

「危ない！」と言われると、子供は自分で自分を止めて、やらなくなってしまいます。自分で自分を止めては、私と同じになってしまいます。

だから私は「危ない！」と注意するのではなく、「転ばせておこう」「転んでも起き上がれるということを学べばいい」と考えることにしたのです。また余計な羞恥心を抱かないように、転んだら自分で自分を笑えるように、私も失敗したら自分で自分を笑うようにしたのです。

「失敗したらどうしよう」という気持ちが襲《おそ》ってきたら、あえて**「失敗してもいいよ」「失敗して、起き上がることを学べばいい」「失敗したら自分で自分を笑えばいい」**と思うことにしたのです。

この「失敗してもいいよ」という考え方は、失敗してメンツを失ったら恥ずかしいとかやり直しがきかなくなると怖がっていた私を変えました。そして、その後の小さいけれど大きな一歩に繋《つな》がっていくことになるのです。

民主型な親への準備(3)
まずは行動ありき。「考えるだけ」という「心のブレーキ」を外す

ただ考えるだけなことほど、時間の効率の悪いことはありません。

なぜなら頭で思っていることは感情論であることが多く、堂々巡りで終わりがちだからです。そして「私には無理」となって、何もやらずに終わってしまいがち。

アメリカ人は「Just do it!」とよく言います。

「とりあえずやる」「やらなかったら何も始まらない」というのがアメリカ人の考え方

です。

日本の慣用句、「石橋を叩いて渡る」のように、安全を確保し、失敗しないように手を回してからやるという発想は、アメリカ人にはありません。

「石橋を叩いて渡る」文化で育ってきた私は、アメリカで暮らし始めた当初、臆面もなく「Just do it!」と言ってしまうアメリカ人に対し、「失敗したらどうするの？」と半ば批判的な目を向けていました。

　でも、やる前から失敗することを心配していては、何一つ始まりません。何もしないまま、時間が過ぎていくだけです。何もしないままでいたら、そのうち何をやりたかったかも忘れてしまうことでしょう。

　やりたいことをやるには、一歩を踏み出すことが大切です。**どんなに小さくても一歩踏み出せば、少なくともその分だけ前に進むことができます。**娘には、一歩踏み出すことを躊躇《ちゅうちょ》することのない人生を送ってもらいたい。

アメリカの人々の「Just do it!」の発想に刺激され、私はギャラリーを開くための具体的な行動として、美術館でボランティア活動を始めることにしました。

ある美術館に行き、「ボランティアをやりたいんです」と伝えると、連れて行かれたのは、美術館の隅っこにある誰一人行かないような部屋。そこで私は、はたきかけをするよう指示されたのです。

はたきかけなど、はっきり言ってアートの「ア」の字も知らないような人でもできる仕事。下っ端の人がやる仕事です。でも、私は、この誰にでもできるはたきかけをしながら、心の中で自分に拍手を送っていました。

小さな一歩ながら、私にとっては勇気のいる一歩だったからです。

というのも、ちょっとした見栄があり、心のどこかでそれなりの仕事から始めたいと思っていましたから。ロンドンの大学院でアートについて勉強し、修士号も持っているのに、誰でもできるようなボランティアなどやっていられない、と。

でもそうした妙なプライドを持っていると、あれもダメ、これもダメとなり、結局何も始めることができなくなります。

そこで、**「とにかくできることから始めてみよう」「失敗してもそれはそれでいいじゃない」「やらないよりは全然いい」**と思考を切り替えることにしたのです。止まった石はいつまでたってもその場にありますが、転がり出した石はいろんなことを経験します。そしてそこから道が開けてくるのです。

私は「そんなぺーぺーの仕事はやりたくない」という些細なこだわりを克服し、「ここからスタートできるんだ」と発想を転換することができたのです。

たかだか「はたきかけ」ではありますが、小さくても行動をとったこと、そして自分の行動を狭めてしまうような考え方を捨てたことは、私にとって大きな前進です。

ボランティアから帰った夜、私は娘に向かって「今日ママは美術館ではたきをかけたのよ」と伝えました。私は娘に話すことによって、夢に向かって行動を始めた自分、些細なこだわりを捨てることのできた自分を確認し、頑張っている自分にエールを送っていたのです。

民主型な親への準備（4）「私には無理」という「心のブレーキ」を外す

いいこともあったはずなのに、一つでも悪いことがあるとその悪いことにフォーカスしてしまい、気持ちが塞《ふさ》いでしまう。

褒められ、評価されていることもあるのに、ちょっと指摘されたり注意されたりすると、「自分は何もできない、ダメな人間だ」と落ち込んでしまう。

こうした経験はきっと誰にでもあるはずです。

これは「ネガティブバイアス」といって、**人間の脳はポジティブなことよりネガティブなことのほうをより強く感じるようにできているといいます。**

私たちが悲観的に物事を考えてしまうのは、どうやら私たちのせいではないようです。だからこそ、訓練で楽観的に考える力をつけることが可能なのです。

ネガティブバイアスは記憶にも作用しますから、ポジティブな記憶よりもネガティブな記憶のほうが強く残ります。そしてネガティブな記憶が蓄積され、ネガティブな記憶に支配されてしまうと、何かをやる際に、やる前から「自分にはどうせできない」と思い込んでしまう「学習性無力感」の状態に陥《おちい》ってしまうのです。

学習性無力感（Learned Helplessness）とは、ポジティブ心理学の父と呼ばれるペンシルバニア大学の心理学者マーティン・セリグマン博士が１９６０年代から10年近くにわたった研究結果をもとに提唱したもので、何度も、また長期にわたって回避困難な環境に置かれた人や動物は、「どうせやっても無理」という諦《あきら》めを頭の中に作り出し、最初からその状況を受け入れてしまい、脱出しようとする努力すら行なわなくなるという現象のことをいいます。

セリグマン博士が行なった研究とは、犬がどのような状況で電撃を回避することを学習するかを見る実験でした。逃げ道のある檻に入れた犬に電撃を加えた場合、犬はショックで逃げ回りなんとか逃げ道を見つけ出し逃げ出す。次に同様のショックを与えた場合、前回よりも早く逃げ道を見つけ、それ以上の電撃を回避することができた。だが逃げ道のない場合、犬は最初はショックで逃げ回るが、その後はだんだんと電撃を甘んじて受けるようになり、ついには電撃攻撃が去るのをじっと待つようになった、というものです。何度も回避不可能な状況に置かれた場合に、「何をやっても無駄」という諦め、つまり学習による無力感が生まれることを証明した実験です。

過去にできなかったことはどうせ今度もできない、という諦めの構造ができ、挑戦することすらしなくなってしまうというわけです。その構造を作るのは、自分なのです。諦めの構造によって生まれた「どうせ私なんてこの程度」「私には無理」「私はダメだ」という気持ちは、強力な心のブレーキとなります。チャンスがあっても「どうせ私には無理」と思い、チャレンジすることさえ放棄してしまうのです。

「私には無理」という絶望を抱えていては、やりたいことがあっても始めようがありません。**やりたいことを始めるには、出発点を「どうせ無理」という絶望から「きっと大丈夫」という希望に変える必要があるのです。**

民主型な親への準備（5）「どうせ無理」から「きっと大丈夫」に脳を訓練する

コインに裏と表があるように、物事には必ず二つの見え方があります。同じもの、同じことであっても、視点を変えると180度違って見えてくるものです。

そもそも「私には無理」「どうせ無理」という絶望は、ネガティブバイアスという脳の性質に端《たん》を発します。記憶にはネガティブな出来事が色濃く刻まれていますが、それらの中には、ネガティブなこと以外にもいろいろな出来事が含まれているはずです。

私の場合は、「数学ができない」と先生に言われたこと、「田舎者が偉そうに」といじめられたこと、「大学はどこも受からない」と言われたこと、30歳一歩手前で結婚がダメになったことなどから「どうせ私なんか」「私には無理」という諦めが形作られました。

でも、よくよく考えてみれば、私は英語が得意だったし、志望していた大学に入学できたし、その大学を卒業し、外資系の会社に就職することもできました。田舎で過ごした子供時代は何ものにも代え難い私の心の安定の基盤となっていて、付き合っていた彼には「そんな人はいらない」と振られたけれど、その代わりに夢だった留学を実現させ、学位も取りました。好きになった男性と結婚し、子供も産みました。視点を変えてみれば、やりたいことをそれなりに実現している素敵な自分もいるのです。

いいこともあれば、悪いこともあります。成功もあれば失敗もあります。ただ、ネガティブバイアスがあるために、よかった思い出や成功体験を忘れてしまっているだけなんです。

やる気を奪う「学習性無力感」という悪い癖をやっつけ、「学習性楽観」を身につけるコツは、**コインの裏ではなく表にフォーカスすることです。「ダメだ！」と思う出来事があったらそのダメな部分ではなく、大丈夫だった表の部分に意識を集中します。**

例えば私が30歳一歩手前で彼に振られたことであれば、振られたことに焦点をおくのではなく、それを糧《かて》にして、ついに留学という一歩を踏み出したことにフォーカスする。それを毎日のように繰り返すことによって自分の脳に新しい考え方の癖をつけていくのです。

　癖を変えるのですから時間はかかります。でも、毎日の嫌な出来事や失敗、または過去の最悪な出来事に対し、視点を変えて良い結果を感じるようにするということの方法はとても強力です。そして幸せな気分で心を満たす練習でもあるのです。


　面倒なのは最初だけです。子供が歩く練習をしていたときのことを思い出してください。何度も転ぶ子をじっと見守るという効率の悪いことを、面倒と思ったこともあったでしょう。ですが、その時期は必ず過ぎます。というのも子供は新しいスキルを身につけていくからです。

　コインの表側をあえて見るという習慣だって、最初は意識してやらないといけないから面倒だと思うことがあるかもしれませんが、いつの間にかそれが普通になって、「面倒」などという気持ちすら思い浮かばない新しい自分になっていることでしょう。

民主型な親への準備(6)
「みんなと同じがいい」という「心のブレーキ」を外す

人はそもそも各々がこの世にたった一人の大切な存在です。なのに、どうして私たちはその大切さを愛《め》でる前に否定してしまうのでしょうか。

娘が3歳のときに通っていたプレスクールで、こんなことがありました。
そのプレスクールには、珍しく日本人の先生がいました。日本人の血を引く娘を通わせるのですから、普通の親であれば「日本人の先生がいてよかった。ラッキー！」と思うことでしょう。

でも私はまったく逆でした。日本人の先生がいてよかったと安心するどころか、その先生に「うちの娘には日本語で話さないでください」とわざわざ申し出たのです。
その先生は少し驚いた様子で「どうしてですか？」と聞かれました。

私は「うちの娘ばかり違ってしまうと嫌なので、英語で話してください」と当然のように答えました。

今となっては信じられないことですが、当時の私はまだ日本人的なメンタリティがあり、「娘が他の子供たちと違ってしまったらよくない」「みんなと同じじゃないとダメだ」と感じ、娘を枠組みの中に収めようとしていたのです。

先生は「わかりました」と静かに言い、こう続けました。

「この学校は、レッジョ・エミリアというイタリアの幼児教育の方法を取っていて、子供が自分で自分を導いていくことを大事にしています。子供自身が自分を導いていくのをサポートするのが私たちの仕事です。周囲と比べたり、誰が何をどのくらいできるといったことは、ここではまったく関係ありません」と。

目が醒《さ》めるような思いでした。

「他の人と違ったらよくない」「みんなと同じがいい」という同調思考を取り払わなければ自分に正直になることはできないし、本当の自分を知ることもできません。ましてや自分らしい人生をデザインするなどとうてい無理なことです。だって私たちはこの世にたった一人しかいない、とてもユニークな存在なのだから。違っていて当たり前なのだから。

プレスクールの先生のこの言葉をきっかけに、私は娘が人と違ってしまってもいいと思うことにしました。それは娘を際立たせる何か素敵なものに違いないのだから、と思うことにしたのです。

それと同時に私も「人と違ってもいいや」と思うことにしたのです。

だって娘に対しては「人と違ってもキラキラした何かがあればそれでいい」と思っているのに、自分に対しては「違ってしまうのが怖い」では子育てに説得力がありませんものね。

民主型な親への準備(7)「他人との比較」という「心のブレーキ」を外す

「比較は幸せ泥棒である」と言ったのは、かのルーズベルト大統領でした。

ネガティブバイアスと並んで過小評価や劣等感の要因となるのが〝比較すること〟です。

人は比較したがる生き物です。人から自分と誰かを比較されることもあれば、自分で自分を誰かと比較することもあるし、昔の自分と今の自分を比較したりすることもあるはずです。

比べることによって自分を振り返ったり、自分を戒め改めたりすることは大切なことです。でも、比較から生まれる感情は往々にして「どうせ私なんてこの程度」「やっぱり私はダメ」といった過小評価や劣等感です。

なぜなら隣の芝生はいつでも青く見えるからです。どうしても相手のほうがよく見えてしまう。そして、たとえ「勝った！」と思っても、自分よりできる人は必ずどこかにいるからです。

比較するのは人間の習性のようなものですが、常に比較していたら、劣等感に苛《さいな》まれ、夢を見る力や希望は奪《うば》われていき、心にブレーキがかかる一方です。

もし私が娘と他の子供を常に比べてしまったら、娘は自分を過小評価し、必要のない劣等感を持つことになりかねません。わが子に劣等感を持って欲しいと願う親などこの世にはいません。

娘が幼稚園に行っていたときも、「わぁ、××ちゃんはもうこんなことができるのね、すごいわね」といったことは絶対に言わないようにしましたし、娘が左右を反転させた鏡文字を書いていたときもそのままにしていました。

だけどどんなにわが家では比較を止めようとしても、周りから比較されたり、どうしても他人との差を見せつけられる機会はたくさんあります。そんな危険からどうやって心を守ればいいのでしょうか？

民主型な親への準備(8)「論理的思考」と「自分基準」で比較をやめる

隣の青い芝生を眺め、あなたはその芝生が枯れることを毎日毎晩願いますか？　それとも自分の芝生をもっと青くする方法を考えますか?

娘は3歳からアイススケートを、5歳からバレエを始め、小さい頃から露骨《ろこつ》な比較の世界に身を置いていました。アイススケートは点数で評価され、誰より誰のほうが点数が高いというのは一目瞭然です。バレエは、点数こそ出てきませんが、配役やレッスンのときの並び順などによって、先生がどの子を高く評価し、どの子に肩入れしているかは親の目にもわかるものです。

こうした比較の世界にいれば、子供であっても自分の位置付けみたいなものを感じるのは当然のこと。現に娘は、バレエの公演で役に選ばれなかったときに「××ちゃんは上手だから選ばれた。私はあの子より下手なんだ」としょげていました。

そうしたときにも、私は娘に、自分と他人を比べて自分を評価することはしてほしくありませんでした。

「あなたは上手よ」と気休めの言葉をかけるのは簡単です。でも、それでは、評価の基準を他者との比較に委《ゆだ》ねていることに変わりはありません。

私は娘に質問しました。

「役に選ばれなかったのね。で、その役はどんな役なの？」

と、娘自身に選ばれなかった理由を冷静に考えさせるようにしたのです。

「きのこの役なの」と涙目で娘が答えれば「きのこの役になるには何が大切？」と質問します。「あまり背が大きくちゃダメなの。コスチュームが着れなくなるから」と選考の基準を認識させました。そして、「選ばれた子はどんな子たちなの？」とさらに質問を重ね、最終的に「選ばれたのはみんな私よりも小さい子たちだ」「私が選ばれなかったのは、私が下手だからじゃなくて、たまたま今回の役に当てはまらなかったからなんだ」と娘が自分で論理付けられるようにしたのです。

感情によって結論をくだす方法がある一方で、論理的に結論を導き出す方法もあります。**比較をやめたければ、論理的に考えるほうを選ぶことです。**論理的に出した結論なら、たとえそれが「自分のほうが劣《おと》っていた」という一見比較のような答えでも、対処の方法が違ってきます。「自分はどうやったらもっと上手になれるのか」と建設的な解決策をひねり出すようになるのです。

人と比較し、誰々は自分より上手で誰々は自分より下手と決めるのは楽ですし、わかりやすくもあります。けれど、誰かと自分を比べるのでは自分を正しく評価することはできません。それでは自分の価値を自分で決めることはできません。

比較する相手が変われば、基準が変わり、評価も根底から変わってしまうからです。

評価の基準がそのつど変わる状況では、「自分はできるんだ」と自信を持つこともできなければ、「もっと頑張ろう」と奮起することもできません。

人と自分を比較しなければ、コンプレックスを持つこともありません。隣の青い芝生を見ても、うちの芝生もきれいと思えるようになることでしょう。

比較をやめるもう一つのコツは、「自分基準」で考えることです。

今日の自分は昨日よりもできたか？　昨日と同じくらいだったか？　それとも昨日の

ほうが良かったか？　だったらどうしたらもっと良くすることができるか？　ここには他人の尺度は介在しません。

とてもヘルシーな自分の評価法だと思っています。そして「自分基準」で考えるようにすると、「自分にしかないこと」に目がいくという素敵なおまけがついてくるのです。

娘を誰かと比較しないよう心がける中で、論理的に答えを出し、自分基準で考える癖をつけることで、私は徐々に自分のことも人と比較することがなくなり「自分はどうなのか」と考えるようになっていきました。

民主型な親への準備(9)「苦手を克服する」ことをやめる

人は誰しも得意なこともあれば苦手なこともあり、できることもあればできないこともあるものです。何でも得意で、何でもできるというオールマイティな人など、この世にはいません。

でも日本では、苦手なことを克服することが奨励され、できないことをできるように努力することが求められます。

たとえば、英語の成績がよく、数学の成績が悪い場合は、英語の成績をさらに伸ばすことより数学の成績を上げることを課題とするのではないでしょうか。

何でも人並みにまんべんなくできることが、よしとされるのです。

けれど、苦手なことを頑張ってやったり、苦手なことを克服しようとするのは、はっきり言って時間とエネルギーの無駄遣いです。

人生は長いようで短くて、短いようで長いので、無駄遣いをしたらヘトヘトになってしまいます。

多大な時間とエネルギーを費やし、苦手を克服したとしても、所詮《しょせん》人並み程度になるだけ。**人並み程度になるために貴重な時間とエネルギーを無駄に費やすのは、非常にもったいない話です。**

人生は、良いところを伸ばすことでこそ花開くのです。

娘がやっていたバレエは、主に技術と演技力で評価されます。娘はバレエが上手ですが、バレエをやる完璧な骨格には生まれついていません。バレエはもともと完璧な骨格の人のためにできているため、娘が技術を完璧にしようと思うとどうしても無理が出てきます。技術に集中すると、先生から「ダメだ」「下手だ」と言われるのです。

でも娘は演技力は高かったので、演技力を磨いていったのです。得意なことはやっていて楽しいので、自ずと結果も出やすくなります。

オールマイティを目指し、苦手なこと、嫌いなことを克服しようとすると、なかなか結果が出ないため心が折れ、絶望し「自分はダメだ」という確信に至ってしまいます。たとえ克服したとしても所詮は人並み程度で、「あんなに頑張ったのにこれしかできない自分」に失望してしまうのです。

私のギャラリーにしても、最初はアジアの現代アートをやろうと思っていたわけではないのです。ワシントンＤＣの他のギャラリーと同じように「ワシントンＤＣのアーティストや欧米の新進作家」にフォーカスし、ストリートフロントのスペースにギャラリーを構え、ワシントンＤＣのコレクターと知り合って顧客になってもらう。でもこれは絶望からのスタートを意味していました。だって、それらはすべて私の弱みだったからです。

アジア系に欧米のアートがわかるのか？　と疑わしい目で見られ、ストリートフロントに出す資金はなし、人脈ゼロではワシントンＤＣのコレクターに会うことすら無理。私には「ギャラリーを開く」という夢が到底無理な幻のように思えてきました。このまま自分の弱みにフォーカスしてコインの裏しか見ていなかったら、私はギャラリーをオープンしていなかったでしょう。

私をそんな運命から救ったのは娘の一言でした。

民主型な親への準備(10)強みにフォーカスする

子供には、本来「心のブレーキ」がありません。

心にブレーキをかける呪縛に囚《とら》われない娘の自由な発想は、私のキャベツの葉を剥いていくときの大きな手助けになりました。

たとえば、ギャラリーを開く手前の段階で、プライベートディーラーをやっているときのことです。

「ママは経済的に自立したいんだけど、今のままではお客さんが少なくてとても自立できないわ。どうすればいいと思う？」と娘に向かってポロっと訊ねると、「ママはもっと働いて、もっと絵を売ればいいのよ」と、もっともな言葉が返ってきます。

「そうよね、もっと売ればいいのよね。でもお客さんがいないと売れないでしょ。ママは全然有名なディーラーじゃないし」と言うと、「じゃあ、有名なディーラーになればいいじゃないの」と、娘の答えは極めてシンプルです。

確かに、有名でないことが問題なら、問題点を解消するために有名になればいいのです。でも有名になるといっても漠然としていて、どうしていいかもわかりません。

私は「だけど競争も激しいし……」と言い訳めいたことを言います。すると「でもママ、こないだ行ったギャラリーのパーティーには、日本人なんて誰もいなかったよ。たった一人なんだからママは目立ってたよ」と、娘はまたしても鋭いところを突いてくるのです。

言われてみれば、アジア系は私一人。それは目立つから強みになります。私は自分の弱みではなく強みを考え始めました。

ワシントンDCにはギャラリーはたくさんあるけれど、当時はまだアジア系のディーラーはいませんでした。しかも女性は皆無。違うということは他と差別化が図れますから、これは強みになります。当時誰も相手にしていませんでしたが、私には中国現代アートのかなり詳しい知識がありました。これも強みです。

中国経済の勢いを目の当たりにする中、ヨーロッパの有名コレクターが中国現代アートを爆買いするのを見て、中国人が自国のアートに興味を示し出したのを感じ、いつかブームになると直感していたのです。これは私だけが持つ知識、強みでした。

自分基準で見たら、他のディーラーにはなくて自分にはあるいろんなことに気がつき始めたのです。そして「私には無理」ではなくて「私だからできること」が見えてきたのです。

ロンドン経由でやってきた珍しいアジア系の女性ディーラーが、豊富な知識でまだ誰も扱っていないアジアの現代アート専門ギャラリーをワシントンＤＣで初めてやる。最初の2年踏ん張れれば、きっとブームは来る。

そして本当に、ギャラリーオープンの2年後に大ブームが巻き起こったのです。

あなたの強みは何ですか？　私は自分の強みを整理するために、図10のようなリストを作りました。参考になさってください。

図10　自分の強みリスト

今の自分を作っている強みを書き出しましょう。

人的財産：（自分を応援してくれる人を書き出しましょう）

家　族										
友　人										
知り合い程度										
仕事関係										

仕事・学校の経験：（今までのいろんな成果を書き出しましょう）

仕事の内容						
経験年数						
学　歴						
ボランティア						
賞　与						

好きな事・趣味・特技・資格・技能：（どんな小さなことも見逃さないで☆）

これからやってみたいこと：（あなたの隠れた才能とパッションが潜んでいるかも）

今までの良い思い出トップ10：

性格・習慣・生活パターンで良いと思うところ：

書き出してみると自分はものすごい財産持ちだと気がつきますよね。リストを眺めていると自分の進む道のヒントが見えてきませんか？

「私だからできることがある」

ここまで「心のブレーキ」について私の経験をふまえたお話をしてきました。

成功する恐怖も失敗する恐怖も受けて立つ勇気を心に芽吹かせ、「みんなと同じ」であることを望んだり、「他人と比較する」ことをやめ、弱みにフォーカスするのではなく、「違い」「自分基準」「強み」を生かし、感情ではなく論理によって答えを出す。

こうした新しい習慣を身につけた私が出会ったのは、「私だからできること」でした。私の心は明るくなり、ポジティブ感で包まれることとなります。

「私だからできることがある」と気がついたときから、私は自分を信じ、自分を厳しく律し、自分に高水準を求め、自分の能力と状況を鑑《かんが》みつつ自分らしい人生を歩き始めたのです。

自分をありのままに見つめ、自分を好きになり始めた私は、ようやく民主型の親になる基礎を身につけました。

自分のためだけなら私はおそらくこの戦いに負けていたことでしょう。だって不満を持ちながらも「なあなあ」で生きていくことはできるし、そのほうが楽だから。「分」があるから仕方ない。私のせいじゃない。子育てで自分の時間がないからできない。やってもどうせ無理だし無駄だからやらない。心に潜む呪縛は自分を止めるブレーキとなって「できない」「やらない」ことへの多くの言い訳を可能にしてくれます。

心のブレーキを取り払うために戦った私は、娘の心に「ブレーキ」を伝染させる危険を回避しただけではなく、ある副産物を手にしていたのです。

それは娘だけではなく、自分自身の人生にも主体性と責任を持つ心構え、そしてそれができるだろうという希望の光でした。自分に対しても民主型の親となり始めていたのです。

私は、やっとＳＭＡＲＴゴールというツールを使えるスタート地点に立つことができました。

娘と一緒にヨチヨチ歩きの始まり

こうして、私は娘と一緒に、自由な心で大きな夢を見て、確たるビジョンを持ち、trial & error で行動し、日々自分を厳しく律し、高水準を求め、「自分からやる」という力を鍛《きた》えていくこととなります。子育てのために心の呪縛を取り払ったつもりが、私は自分育てのスタート地点にも立てたのです。

娘を育てながらその娘と一緒に成長した私は、もう「いつかギャラリーを開きたいとずっと言っているボークさん」とは紹介されなくなりました。代わりに「ワシントンDC初のアジア現代アート専門ギャラリーを経営するボークさん」と紹介されるようになったのです。

最後に、ここまでのお話をまとめた「心のブレーキ」を外すための自問集を掲げます（図11）。あなたの「心のブレーキ」は何ですか？

図11◎自分の「心のブレーキ」をとり外すための自問集

＊あまり考えずに直感的に心に浮かんだことを正直に書きましょう。正解も不正解もありません。あるのはあなたの正直な気持ちだけ。

あなたは成功するのが怖いですか？　それはどうして？　克服する方法を書き出しましょう。

あなたは失敗するのが怖いですか？　それはどうして？　克服する方法を書き出しましょう。

あなたが恐怖を感じるのはどんなこと？　克服する方法を書き出しましょう。

今まででで最悪だった出来事を思い出してください。あなたはそれをどうやって乗り越えましたか？　そんなあなたを褒める言葉を書き出しましょう。コインの表に集中する練習です。

＊ダメだったことではなく、できたことに心を集中してやる前から諦めを感じてしまう学習性無力感を「自分はきっと大丈夫」という学習性楽観に見方を変えていきます。

あなたの弱みは何ですか？　これからは、ここにフォーカスするのはやめましょう。

自分やお子さんを誰かと比べたくなったときに、比べないための言葉を考えましょう。

＊例えば「隣の芝生は青くない」とか。

第5章のポイント

1. 「出る杭」への恐怖心には、「ちょっとずつ成長していけばいいんだ」と構えましょう。
2. 「失敗できない」恐怖心には、「経験を学びにすればいい」と構えましょう。
3. 考えるよりまず行動！
4. 「どうせ無理」と思ってしまうのは、脳のネガティブバイアスが働くからです。
5. 良い面に意識を向ける練習をすれば、「学習性無力感」は克服できます。
6. 人と違っていい。違いは強みです。
7. 比較は幸せ泥棒。
8. 人との比較をやめるコツは、「感情の外で考える」と「自分基準で考える」。
9. 苦手なことを克服するのは時間のムダ。
10. 「私だからできること」を探しましょう。

第６章

元気泥棒に気をつけて

心のメンテナンスで、
心のエネルギーの効率化を図る

「今日も頑張るぞ」と思えるために。

ＳＭＡＲＴゴールに向かって行動を始めると、「ダメだなあ」「また失敗した」「なんか疲れたなあ」「つまんないなあ」「嫌だなあ」――こんな気持ちが襲《おそ》ってくることもあるでしょう。

それを「今日も頑張るぞ」と元気いっぱいにするためには、自分のエネルギーを最大化するように心をメンテナンスすることが大切です。

なぜならどんなに最適最大なＳＭＡＲＴゴールでも、**そこに到達するエネルギーがなければ途中で挫折してしまうからです。**

心の中のネガティブなことにエネルギーを使うことを極力抑え、また誰かに対してネガティブなことをするのをやめ、本当に必要なことにエネルギーが使えるようにする。自分を元気にしてくれることにエネルギーを使い、それによってエネルギーを増やし、自分にとって大切な人にポジティブに接することで自分の中のエネルギーリザーブをどんどん増やしていく。

これが**心のエネルギーの効率化**です。ＳＭＡＲＴゴールのより効果的な実践と達成のために必要な心のメンテナンスです。

本書のしめくくりとなるこの章では、ＳＭＡＲＴゴール成功のために、自分の心を最適最大にメンテナンスしていく方法をお伝えしますね。

【本章で伝えたいこと】
1. 心のエネルギーの無駄遣いに気をつける。エネルギーは有限！
2. 元気泥棒を見つけて対処
3. 元気の素を見つけて活用

必要なのは心のメンテナンス

私たちは往々にして心のエネルギーの無駄遣いをしてしまいます。

例えば誰かに嫌なことを言われたとき、失敗したとき、それがどんなに些細なことでも意外と心の中に居座り続けるものです。数時間、時には数日間も。それに比べていいことって案外すぐに忘れちゃいます。皆さんにそんな経験はありませんか？

私たちはとかく苦手なこと、嫌いなこと、嫌な人、失敗したことなどネガティブなことに集中しがちです。だけどそういう負の思いというのは、本当に膨大なエネルギーを消費するのです。こんなにもったいないエネルギーの無駄遣いはありません。だって**エネルギーは無尽蔵ではなく限られていますから。限られた資源を有効に使うスキルがなければ、途中で力尽きてしまいます。**

服従型や寛容型の親は子供の心のエネルギーを奪《うば》ってしまう

民主型の親は子供を支配しません。しかし服従型のように、子供の意見を無視して何かを押し付ければ、それは子供の心からたくさんのエネルギーを奪っていきます。本来は前に進むためのエネルギーがどんどん後ろ向きに使われてしまい、前に進めなくなってしまいます。

甘やかすだけというのも、子供の心からエネルギーを奪うことになります。なぜならどこまでやっていいのか、という限界がわからないし、自分はよくやっているのかどうかがわからないために、子供は常に不安を抱え、心のエネルギーを無駄に使ってしまうからです。

子供のエネルギーの効率化という観点からも、民主型の親であることには大きな利点がありますよね。

もちろん、利益を得るのはお子さんだけではありません。民主型の親は自分にも同じような態度で接します。誰かの決めた「こうあるべき」に理不尽を感じながら盲従するのではなく、自分を厳しく律することでやることをやる。そんな心には、プライドや自信が生まれてきます。

元気の素と元気泥棒

気力に溢れている様子を表わす「元気」という言葉。私は日本語の中でも、この元気という言葉が特に好きです。そして私たちが前に進んでいけるのはこの「元気」があるから。

だからわが家では、自分の中のエネルギーを増やし、自分の成功を応援してくれるもの・人を「元気の素」と呼び、自分から元気を奪っていくもの・人を「元気泥棒」と呼んでいます。

厄介なのは、元気泥棒はそれと気がつかないことが多く、元気の素はそれと知っていても軽視しがちなことなのです。

自分から元気を奪う元気泥棒は、生きていれば毎日の生活に入り込んでくるのが普通です。家庭、人間関係、職場など、いいこともたくさんあれば、嫌なことや負担や不満に感じていることだってあります。嫌なことがない人生を歩いている人はいないのです。

元気泥棒は人生最大の敵。そして、元気泥棒は世の中のいたるところに潜《ひそ》んでいるのです。

最も危険なのは、自分の周りにいるネガティブな人

何でも物事を悪い方に考えてしまう人、自分の能力をものすごく過小評価している人、世の中に悲観的な人、あなたに対して悪い感情を持っている人。もしそんな人があなたの周りにいたとしたら、もしそんな人と日常的に時間を過ごしているとしたら、今すぐやめることです。

残念ながら、世の中には、人の気持ちを引き上げるのではなく、引きずり下ろす人がいるものです。元気がないときにそうした人と会うと、「自分だけがダメなんじゃない」

と妙に共鳴してしまいます。「ここにもダメな人がいるから私もダメでもいい」とダメから脱却するどころか、ダメの相乗効果になり、結果的にダメを助長してしまうのです。

最初は理解者を見つけたような気持ちになり安心しますが、そうした人と共鳴していると元気泥棒がどんどん成長し、最悪な結果を招きかねません。

ですから私は、娘にも**「友達は選ぶように」**と事あるごとに話しています。**普段自分が一緒に過ごす人は、自分にエネルギーを与えてくれる最大の元気の素ともなるからです。**

元気泥棒が、子供にとって避けられない相手だったら、民主型の親はどう対応する？

しかし、大人の世界でもそうであるように、元気泥棒は泥棒だからといって簡単に排除できないことも往々にしてあります。もし元気泥棒が、子供にとってどうしても避けられない相手（学校の先生、部活の仲間、クラスや塾の友達）だった場合、どう対応すればいいでしょう？　こういう場合も、民主型の親は、どうやったら一緒にいる時間を減らすことができるか、お子さん主導で考えます。

「頑張れ」「負けるな」「知らんふりしろ」は、子供の気持ちに寄り添っていない服従型です。

子供の心は十分傷ついているのですから、民主型の親としてできることはお子さんの声に耳を傾け、お子さんが自分で解決策を考えるのを見守ることです。こういう中でお子さんは誰と友人になるかを学んでいきます。つらい過程ですが、誰しもが通る道。それを過度に助けてしまうのは良くないと思っています。

ですがこの元気泥棒が天下の大泥棒にまで発展していたら、また発展する可能性があるとしたら、こんなときは、民主型の親は子供の気持ちを最大に汲み取りながら「排除」の方法を一緒に考えるべきかと思います。

わが家でも一度、そんなつらい経験がありましたが、子供は強い。自分で解決法を考え、親と一緒に最大最適の方法を考慮し、自分で決めて行動するから、必ず乗り越えられます。

そんなつらい子供の気持ちに気がつかない服従型や寛容型、そして無関心型の親の下では、お子さんは一人で抱えきれないくらいの泥棒に打ち負かされてしまうかもしれません。こんなときこそ、民主型の親は、気持ちに寄り添う人間的な温かさを発揮するのです。

潜んでいる元気泥棒を見つける

図12の「元気泥棒クイズ」を使って、あまり考えずに、自分の元気泥棒を書き出してください。

どうしてあまり考えないことが大切かというと、直感で書き出したことに、本心が隠れているからです。考えちゃうと「見栄えのよい回答」をしてしまいますから。

これもまずは大人がやって手本を見せてから、お子さんに自分でこのエクササイズをするように仕向けてみましょう。この場合大切なのは、お子さんの答えはお子さんのものので、親に見せる必要はないということです。

私たちは、正解のある答えに正確に答えるよう訓練されています。ですが心の中のことには正解も間違いもありません。ただ自分の本当の気持ちがあるだけです。だからお子さんの答えを見て、それを親が判断することは民主型とはいえません。そこにあるのはお子さんの答えの優劣正否を判断する裁判官メンタリティーです。

「見せなさい」と、子供に言うのは服従型の親。
「いいよ、やってもやらなくても」と、子供をまったく管理をしないのは寛容型の親。

図12 元気泥棒クイズ

ワーク1：考えるだけで自分の気を滅入らせることは何ですか？　あまり考えずに書き出してみましょう。これがあなたの元気泥棒です。

ワーク2：あなたは1週間でどのくらいの時間を元気泥棒に使っていますか？

合計　　　分

ワーク3：自分から元気を奪う元気泥棒、どんな気づきがありましたか？

1) 自分は元気泥棒に時間を使い過ぎていると思いますか？　元気泥棒トップ3を選んでください。

2) どうやったらこの元気泥棒トップ3に使う時間を減らすことができると思いますか？考えつく限りの解決策を書き出してみましょう。

3) 今日からできる元気泥棒撃退法を最低でも2つ選んでください。そして今日から実行しましょう。大丈夫。あなたならできます。

「自分のものだから見せなくていいよ。大切なことだから自分に正直にね」と、子供に求め、子供が高い水準で行動することを期待するのが民主型の親です。

元気泥棒との時間はエネルギーの無駄遣い

「元気泥棒クイズ」をやってみて、皆さんはどのくらいの時間を元気泥棒に費やしていましたか？　元気泥棒に費やす時間は、１週間でどのくらいになりましたか？

元気泥棒は誰の生活にだって存在しますが、敵がわかれば対処する方法はいくらでもあります。それぞれの元気泥棒をやっつけるための方法を最低でも２つずつ書き出してみましょう。そして、ぜひ今日から実践してください（元気泥棒をやっつけるヒントは、後でお話ししますね）。

元気泥棒はのさばらせておくと天下の大泥棒となって、あなたから大切なものをどんどん奪っていくからです。

元気の素は、お金のかからないものがほとんど

次に、図13「元気の素クイズ」を使って、あなたの元気の素を探していましょう。

「お金がなければ幸せになれない、というのはウソだ！」

これは、私が「元気の素クイズ」をやって気づいたことでした。

このクイズをやってわかったことは、私が元気を感じることは、犬の散歩とか犬と遊ぶとか、パジャマでゴロゴロとか、夫が作ってくれたお夕飯を大好きな赤ワインと一緒に夫と食べるとか、友人とお茶、なんてお金のかからないことばかりだったからなんです（なのに、そこに使っている時間を足してみたらショックなぐらい少なかった！　それで自分のワークライフバランスについて考えることになるのですが、それは後ほどお話しします）。

図13　元気の素クイズ

ワーク1:「楽しいなあ」「ストレスが解消される」と思う事柄や時間は何でしょう。あまり考えずにどんどん書き出してみましょう。

ワーク2:1週間でどのくらいの時間を、これらの好きなことに使っていますか?

合計　　　分

ワーク3:自分を元気にする元気の素、どんな気づきがありましたか?

1) 自分は元気の素に十分な時間を使っていますか?

2) 自分の元気の素にはお金がかかりますか?　実行するのは簡単?　それとも難しい?

3) どうやったら元気の素に使う時間を増やせますか?　今日から実行できることを書き出しましょう。

ワーク4:自分の応援団を作りましょう。

あなたを認めてくれる人、応援してくれる人、自分も頑張っている人、褒めてくれる人、楽しい人など、一緒にいると気分のいいトップ5人があなたに元気をくれる大切な応援団です。

自分の応援団と過ごす時間は1週間にどのくらいですか?

時間

もう少し応援団との時間を増やすとしたらどんなことができますか?

上記のうち今すぐできることを1つ選び、今日から実行しましょう。

©shigekobork

心には〝元気の素〟という栄養が必要です。栄養が行きわたってこそ、自分らしく生きることができ、大きなビジョンを描いてゴールに向かっていくことができるのです。自分にとって〝元気の素〟は何なのかを知り、日頃から自分自身に〝元気の素〟を十分に与え、元気で満たしておきたいものですね。

簡単にできる心のエネルギーの効率化

元気泥棒撃退法と元気の素を増やす方法が見つからない、ということもあるかもしれません。私や娘が実践している方法をいくつかご紹介しましょう。

1 毎日何か一つ、レクリエーションの時間を確保する

日本で楽しいことをする時間を「レクリエーション」といいますよね。これって英語だとRecreationになります。「re再」「creation創造」だから自分再生時間になります。

確かに、楽しいことをしているときって、自然と笑顔になるし、心が元気で満たされますよね。自分がポジティブなエネルギーで満たされる。それこそrecreationです。

だけど私たちが忙しい毎日で最初に削ってしまうのもこのレクリエーション、自分再生の時間なのです。

先ほどご自分で書いた元気の素リストを見てください。**これからは毎日何か一つ、このリストの中からやるようにしてくださいね。そして今週の元気の素をSMARTノートに書き込み、必ず実行するようにしましょう。**

時間は人間平等に24時間与えられています。

「時間がない」という言い訳は元気泥棒だけに使うようにして、これからは自分再生の時間を最優先にしてみる、そんな選択肢を選ぶのもありです。

元気の素に時間を使うか、それとも元気泥棒に差し出すか、決めるのはあなたですもの。

2 怒りやネガティブな感情には、思考を6秒間ゼロにして

感情は何かしらの刺激によって動かされます。ポジティブな感情であれば、いくらでも動いていいのですが、元気を奪ってしまうネガティブな感情にはできるだけ染まりたくはありません。

感情は瞬間的にわき出てくるもので、ネガティブな感情自体をなくすことはできません。でも、心の中にわいてきたネガティブな感情をコントロールすることはできます。

たとえば、相手の言動に怒りを覚えることは誰にでもありますよね。**怒りを覚えるの**

は脳の前頭葉における一種の生理現象で、そのピークは長くて6秒だといわれています。

つまり、強烈に怒りを感じたとしても、感情のピークである6秒間を、思考をゼロにして何とかやり過ごせば、怒りは次第におさまっていくというわけです。激しい怒りが過ぎ去れば、相手に暴力的な言葉を浴びせたり、暴力的な行為に及んだりすることもありません。

この6秒ルールは、怒り以外にも、ネガティブな感情全般に効力があるといわれています。

たとえば元気泥棒に遭い「自分はダメだ」とくじけそうになっても、6秒間、数を数えることにフォーカスし「自分はダメだ」という感情から離れれば、「自分はダメだ」と思う感情は薄れていくのです。

「1、2、3、4、5、6」とゆっくり数えても、大抵の場合は6秒より短くなってし

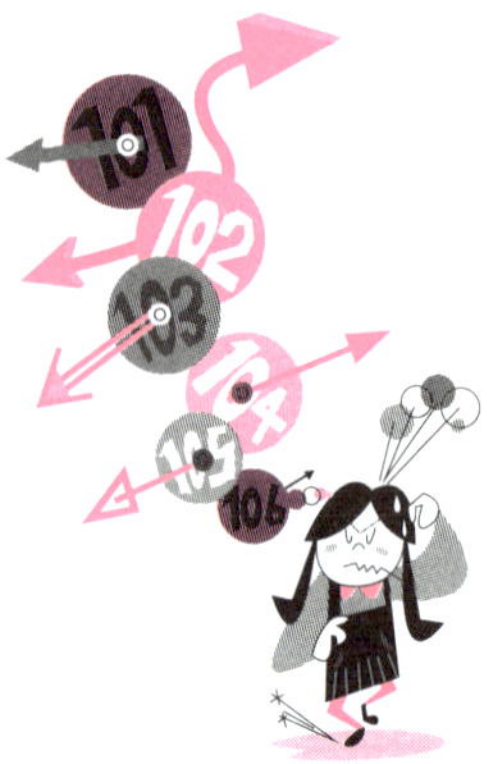

まうので、私はその**6秒を「101、102、103、104、105、106」**とカウントするようにしています。

そして数え終わったら、その瞬間に自分の元気の素を思い出すようにするのです。例えば愛犬と遊ぶ自分、仕事がうまくいって褒《ほ》められている自分とか。

とはいえ、ネガティブな感情は曲者《くせもの》で、一旦消え去っても波のように何度か打ち寄せてくるものです。でも、そのつど、同じように6まで数え、自分の元気の素を思い出すという作業をすれば、打ち寄せるネガティブな感情の波は小さくなっていきます。同時にポジティブ感情が蓄積されていって、ネガティブとポジティブの配分が変わっていきます。

気分転換とは、まさしくこうした感情の配分の転換なのです。

6秒間思考をゼロにし、元気の素を思い出すという方法を習慣にすると、元気泥棒に出会っても、被害は最小限に抑えられますし、元気泥棒を天下の大泥棒に育ててしまうこともありません。

3 自分を元気にする言葉とテーマソングを決める

I am Beautiful Powerful and Worth it.（私は美しく、元気で、価値がある）これが私に元気を与えてくれる言葉です。

言霊《ことだま》というように、言葉には力があります。元気泥棒に囚《とら》われそうになったときなど、この言葉を呪文のように繰り返し唱え、「たとえ誰かが私のことをダメだと言っても、私はこの世にたった一人しかいない価値ある人間だ」と自分に言い聞かせています。

SMARTノートに「今週の自分を元気にする言葉」を書き込んで、毎朝鏡の前で3回自分に言い聞かせましょう。

音楽も一瞬にして人を別世界に引き込む力があります。「London Calling」はイングランド出身のパンクロックバンド、ザ・クラッシュの代表曲です。シャープなリズムが印象的なこの曲を頭の中でループさせると、うなだれかけた心がシャキッとひきしまり、「へこたれてなんかいられない」と勇気がわいてきます。だから私はこの曲を、自分のテーマソングにしています。

そのほかに、自分の目指すゴールにたどり着いた自分の姿をなるべく具体的に頭の中に描き、そのイメージを何度も映画のようにループさせるというのも効果的です。

たとえば、ギャラリーを開きたいと思っていたとき、私は、小さい階段を上って行った2階の白い壁の部屋に、黄色い花があり、そこに黒い服を着て立っている自分を思い描き、元気泥棒に心を囚われないようにしていました。

実際、初のオープニングは、階段を上った2階にある白い壁のギャラリーに夫が贈ってくれた黄色い花を飾り、黒いスーツを着て、思い描いた通りにやりました。

4 信頼できる人とチームを作る

良好な人間関係は、元気の素の中でも最大級です。普段は軽視されがちですが、自分の周りをポジティブな人で囲むとどんどん元気になっていきます。

反対に自分の周りに元気泥棒がいると、毎日はあっという間に灰色です。私たちが普段日常的に関わる人はせいぜい4、5人です。その中に元気泥棒がいたら大変！　だけどそこが元気の素で固められていれば、あなたはとっても元気になれるのです。

一人の力は限られています。元気を奪っていく元気泥棒の力が非常に強かった場合や、元気が十分に取り戻せないでいる場合は、自分以外の誰かから力を借りたい。

一人で戦うのはつらいし、つまらないものです。サポートしてくれる仲間がいたら、その人たちと喜びや苦しみを分かち合うことができます。喜びや苦しみを共有できる仲間を作り、自分の応援団になってもらえば、一人で頑張っているときよりもずっと大きな力を発揮できるはずです。そして喜びは何倍にも膨《ふく》らみ、苦しみは何分の一かに小さくなるはずです。

家族でも、友人でも、信頼できる人がいれば、その存在自体が力になり、自分のエネルギーの素となるはずです。

人生はたった一人で生き抜くものではありません。多くの人と出会い、多くの人と繋《つな》がり、多くの人と喜びや苦しみを共有することによって、人生は彩りを増し、意味深いものになっていくのです。そんな中から私たちは多くのエネルギーを与え、与えられているのです。

与えるエネルギーがポジティブで、受け取るエネルギーがポジティブであるためにも、自分の周りに常にいるチームメンバーは心して選びましょう。そしてそれは、あなたのお子さんの最大の元気の素となることでしょう。

第6章のポイント

1. 元気泥棒で最も危険なのは、自分の周りにいるネガティブな人。

2. 元気の素を知っておくと、心のエネルギーの補充ができます。

3. 元気の素から毎日一つ実行して、心の再生＝リクリエーションをしましょう。

4. 怒りやネガティブな感情が出てきたら６秒カウントで思考をゼロにしましょう。

5. 言葉とテーマソングでも、心のエネルギーの効率化を図りましょう。

6. チームを作って、喜びを何倍にも膨らませましょう。

おわりに——人生最高の成功

最後までお読みいただき、ありがとうございました。

ベストな親とは、何でしょう。

本編でも触れていますが、私は、自分に対してベストな親になれる人こそが、子供に対してもベストの親になれる、そう考えています。

目標に向かって毎日やることをやる。

たったそれだけの訓練を積むことが、私たちに多くのことを授けてくれます。自分で決める主体性、自分を信じる力、やり抜く力、元気のなくなった心を回復させる力。自分を大切にするやさしさ、大きな目的意識を持ち、自分以外のことにも気を配る心の広さ、相手を思いやる温かさ。そして何よりも自分らしい人生を毎日歩き始めているからこそ感じる幸福感と満足感。

自分を厳しく律し、自分に高い水準を求め、自分をあるがままに認め、自分に対して優しい態度をとれる民主型の親。

そんな親が子供にも同じ態度で接するからこそ、「主体性と責任感を持って行動し、その結果、自信と自尊心、社会性、思考力を身につけ、高い幸福感や満足度を感じながら生きる」子供が育つのです。

そして、そういう親は子育てを通して自分も成長し続けるのです。

すべては、目標を設定し、目標に向かって毎日やることから始まります。

しかし、これを自分の意志や精神力だけでやるのは難しい。でも、SMARTゴールがあれば自分でも気がつかないうちに、生まれ変わっていることでしょう。親であるあなたも、お子さんも。

人生100年時代の人生だからこそ、私たちはいろんなやりたいことができる

日本政府の推計によると、「2015年に50歳だった人の10人に1人は100歳まで生きる」「2017年に生まれた子供の半数は107歳まで生きる」と予測されています。

「人生50年」はもはや過去の話。100歳まで生きるとしたら、50歳というのは人生の折り返し地点になるのです。

私の周りでは50歳になってから、新しいキャリアを歩き始める人がたくさんいます。今まで会社に勤務してきたけれど、子供も巣立ったし、余裕ができたので自分で起業した人もいますし、子供の手が離れてきたので、今まで専業主婦だったけれど、仲間を集めてベンチャーキャピタルを始めた人もいます。5人の子育ての間、自宅でずっと趣味で作っていたアクセサリーで、55歳のときに起業した友人もいます。

ちなみに私の夫は今70歳ですが、これから何か新しいことをやろうとしています。

ＳＭＡＲＴゴールがあれば、自分のキャリアをどんどん築き上げていくことも、人生をフルに生きることも可能なのです。

迷ったらＳＭＡＲＴゴールを使ってみましょう。あなたの前にきっとクリアな自分らしい人生の地図が見えてくることでしょう。

人生のステージごとにゴールは変わる

私は39歳のときにアートギャラリーを開くという夢を実現し、2年後にはトップギャラリーの仲間入りを果たしました。当時の副大統領夫人や美術館が顧客となり、アジアに対するアメリカ人の見方をアートを通じて変えることにも貢献しました。ワシントンポストやワシントンＤＣの社交雑誌の常連となり、ワシントンＤＣの人から認められたいという目標も果たしました。経済的に自立できる十分なお金を得られるようにもなりました。

自分が求めていたもの、価値を置いていたものを、私はほぼすべて手に入れることができたのです。

でも、ギャラリーを持つというゴールを達成して数年経った頃、私にはまたまた大きな目標が現われました。それは自分らしいワークライフバランスを達成するということでした。

そこでSMARTゴールを使っていろんなことを論理的現実的に考えたすえ、最終的にギャラリーをたたみ、アートコンサルティングに転身することにしたのです。44歳のときです。そんなときに出会ったのが、あるライフコーチでした。

ライフコーチとは、クライアントの中に眠る潜在能力と潜在的興味や欲求を引き出し、クライアントの可能性を最適最大に高めるサポートをする専門家のこと。いわばクライアントのチアリーダーのような存在です。

私が出会ったライフコーチは、SMARTゴールをクライアントに日常的に使っているといいます。そんな彼女の話を聞いているうちに、私の中にムクムクと興味と好奇心が湧いてきました。ＳＭＡＲＴゴールを使った仕事がしたいと。

私はアメリカに来て、まったく新しい考え方に触れて人生が１８０度変わって、ギャラリーを開くことができました。

当時の私のように、自分の人生をより良くするにはどうすればいいかと悩んでいる人がいたら、ＳＭＡＲＴゴールを使って、私はその人が人生の地図を作るお手伝いをしたい。それが、私の新しい「何のために」ではないかと思ったのです。

キャリア最初の20年はアートに捧げ、次の50歳からの20年は別の形で社会に役立つ一員として生きたい。

そして、私はライフコーチになることを目指し、自分の次のライフステージのための新たなＳＭＡＲＴゴールを作り、勉強を始めたのです。ちょうど5年前、47歳のときでした。

成功している仕事があるというのに、ライフコーチとして一から始めようとする私を

「失敗」と見る人もいるでしょう。プロのトレーニングを受けバレエ団からお誘いもあったのに、入団することなく大学生となることを選んだ娘の人生を失敗と見る人もいるでしょう。

ですがそれは誰かの「こうあるべき」。私と娘が求め、歩む自分らしい人生には関係のないことです。

人生最高の成功

民主型の家庭の子供は「何のために」という目的を持ち、そのために知りたいことや必要なことがあればまず自分で調べます。そして解決策をいくつか見つけてきてから親と対話します。

そうして目的と目標をより最適最大に高め、主体的にＳＭＡＲＴゴールを使い、行動力と責任感を持って進んでいきます。その結果としての失敗も成功も１００％自分の責任として受け止めるのです。

時として「なんだかちょっと寂しいな。もっと頼ってほしいな」と思うことがあるかもしれません。だけどもしあなたがそんなふうに思うことがあったとしたら、あなたは民主型の親として、最大のギフトをお子さんに与えることができた、ということです。

子育ての目的は子供の自立です。それも最適最大の形での自立をサポートすること。だからちょっとの寂しさは、親が得られる最大のご褒美でもあるのだと思っています。

子育ては、必ず終わりが来る旅。それは寂しいことでもあるけれど、それでいいのです。だって私たち親の仕事は、授かった子供がいずれは自立して親元を離れていけるようにすることだから。

それも最適最大の形で。そうして親である私たちも最適最大に自分を育て続ける。

それって、人生最高の成功だと思いませんか？

親子でステップアップを可能にしてくれる、絶対失敗しないこのツール。この魔法のツールを、あなたの毎日の生活に取り入れていただけたらこれ以上嬉しいことはありません。

最後になりましたが、本書の出版にご尽力くださった皆様に心より感謝申し上げます。いつも的確なアドバイスをくださった祥伝社の栗原和子さん、応援してくださった祥伝社の皆様、編集をお手伝いくださった肥田倫子さん、そしてワシントンＤＣにいる私と東京の皆さんとの架け橋となってくださったアップルシード・エージェンシーの原田明さん。皆さんと一緒にチーム一丸となってゴールに向かった日々は私の宝物です。本当にありがとうございました。

そして私の最大の元気の素、ティムとスカイに愛と感謝を込めて。

２０１８年４月

ボーク重子

SMARTゴール（子供版）

※記入例は87ページに

宿題、勉強、おけいこなど、やらないといけないことや、もっとできるようになりたいことは何？

Specific&Time Limited　1週間でやりたいことややらないといけないことを書いてね。

Actionable　1週間でできるようになるにはどんなことをすればいい？　何をしないとだめ？

Measurable　毎日どのくらいやったら1週間でできるかな？

Realistic　できそうだと思う？

SMARTゴール　上に書いたことをまとめてSMARTゴールを書いてみようね。

チェック　SMARTをちゃんとカバーしてるかな？

Specific	Measurable	Actionable	Realistic	Time Limited
やりたいことや、やらないといけないことがわかっている？	毎日のやることやゴールをちゃんと数字で書いたかな？	ゴールや毎日の行動は自分の力でできることかな？	これならできる！やりたい！　と思う？	期限は1週間。このゴールは1週間でできること？

チェックボックス

□　□　□　□　□

SMARTゴール（大人版）

※記入例は96ページに

自分のやりたいことをSMART化して、SMARTゴールを作ってみましょう。

Specific 自分が見つけたやりたいことを一行で書き出しましょう。

Time Limited 時間制限は3週間です。

Actionable そのゴールに3週間で到達するために必要だと思う、自分でできる行動を書き出しましょう。

それをもっと具体的な行動に書き換えます

Measurable それぞれの行動で現実的に3週間でできそうな、到達しうる最適最大の数値を考えます。

それを1週間に分解します。

それをさらに今日やる行動に分解します。

Realistic それぞれの行動と数値はあなたの興味、強み、能力、伸び代、状況を考慮したときに現実的ですか?

SMARTゴール 上記をまとめてここにあなたのSMARTゴールを書き出してみましょう。

検証 そのSMARTゴールがSMARTかそうでないかを検証していきます。それぞれの項目以下のことがカバーされているかどうかをチェックします。

Specific 具体的	Measurable 計測可能	Actionable 自力で到達可能	Realistic 現実的	Time limited 時間制限
1ゴールにたどり着いた自分はどこで何をしているか? 2どうしてこのゴールにたどり着きたいのか? 3ゴールにたどり着くには何が必要か?	1ゴールは具体的な数字で表わせるか? 2ゴールの数値は金額? 件数? 資格の合否? 人数? テストの点数? 勉強のコースの終了?	1その行動は自分でできることか? 2その行動は、自分の今の力と伸び代に見合っているか? 高め、低めではないか?	1ゴールに到達するのに必要なスキル、強み、資金があるか? 2ない場合、それは育成、集金が時間制限内に可能か? 3このゴールは本当にあなたにとって大切なことか?	3週間

チェックボックス

□	□	□	□	□

検証の結果、もしもっとできそう、やっぱりこれはちょっと高水準すぎる、となった場合は必要に応じてSMARTゴールに修正を加えてくださいね。

これであなたのSMARTゴールが設定されました!

今週のSMART ノート（子供版）

※記入例は105ページに

何のために？

今週のSMARTゴール：

毎日やることは何？

・
・
・
・
・
・
・

ちゃんとできたかな？

	できた	やらなかった
月曜日	□	□
火曜日	□	□
水曜日	□	□
木曜日	□	□
金曜日	□	□
土曜日	□	□
日曜日	□	□

Success and Thank you

今日できたことやありがとうと思うこと

月
火
水
木
金
土
日

今週できなかったこと、やらなかったこと

*できなかったことなど

**どうやったらできるようになる？

1.

2.

3.

今週のSMARTノート（大人版）

※記入例は107ページに

何のために？

今週のSMARTゴール：

毎日の行動計画

・
・
・
・
・
・
・

Do what you love
今週の元気の素

今週の自分をモニターする

	できた	やらなかった
月曜日	☐	☐
火曜日	☐	☐
水曜日	☐	☐
木曜日	☐	☐
金曜日	☐	☐
土曜日	☐	☐
日曜日	☐	☐

Success and Thank you
今日の成功と感謝したいこと

月
火
水
木
金
土
日

今週ダメだったこと

*できなかったことなど
**どうやったらできるようになる？

1.
2.
3.

Motivational Words
今週の自分を元気にする言葉

世界最高《せかいさいこう》の子育《こそだ》てツール　SMART《スマート》ゴール
――「全米最優秀女子高生《ぜんべいさいゆうしゅうじょしこうせい》」と母親《ははおや》が実践《じっせん》した目標達成《もくひょうたつせい》の方法《ほうほう》

平成30年5月20日　初版第1刷発行

著　者　ボーク重子《しげこ》
発行者　辻　浩明
発行所　祥伝社《しょうでんしゃ》
〒101-8701
東京都千代田区神田神保町3-3
☎03(3265)2081(販売部)
☎03(3265)1084(編集部)
☎03(3265)3622(業務部)
印　刷　堀内印刷
製　本　ナショナル製本

ISBN978-4-396-61652-6 C0037

祥伝社のホームページ・http://www.shodensha.co.jp/